머니
테이커

MONEY TAKER

월 180 직장인이 상위 1% 경제적 자유로 가는 여정

머니 테이커

MONEY TAKER

정승요(머니테이커) 지음

RISE

추천사

머니테이커(Money Taker), 이 문구를 봤을 때 당신은 무슨 생각이 떠오르는가? 책 제목만 봤을 때 비판적인 관점에서는 흔한 자기계발서처럼 책을 포장한 것으로 보일 수 있다. 그러면서 '아, 쉽게 돈 벌 수 있다고 말하겠구나'라고 생각하지만, '혹시나' 하는 마음에 이 책을 펼쳐봤을 수 있다.

저자 머니테이커에 대해 말하자면 그는 '정공법'의 대가다. 정직하다. 지독한 노력파다. 나는 저자와 매 순간 함께한 것도 아니고, 동업을 오랫동안 한 것도 아니다. 하지만 그가 늘 만드는 결과물을 보면 알 수 있다. 그는 항상 노력한다. 자신의 눈앞에 마주한 벽을 부수기 위해 매 순간 자기 극복을 한다.

저자를 조금이라도 겪어본 수강생이라면 충분히 알 것이고, 그의 업체 '핏마케팅'에 의뢰한 사장님이라면 더욱 잘 알 것이다. 물론 나도 그의 클라이언트 중 한 사람이기에 당당하게 내 이름을 걸고 말할 수 있다. 그에게 연락하면 항상 있는 곳은 사무실이며, 보이지 않는 곳에서 늘 사업체의 성공에 대해 궁구하며 지낸다.

나 역시 인스타그램에서 글을 연재한 지 7년 차고, 카피라이팅을 1만 개 넘게 쓴 저자지만, 머니테이커는 블로그 글쓰기를 넘어 지금의 사업체를 만들기까지 그 어떤 꼼수도 없이 정공법으로 모두 파훼하며 전력 질주 해온 실력자 중에서도 실력자다. 그의 교육에는 죽은 지식의 이론이 아니라, 철저히 현장에서 직접 겪으며 뼈를 깎는 고통 가운데 얻은 독보적인 기술이 존재한다.

내가 봐온 그의 업무 스타일은 현대판 장인이라 불러도 손색이 없다. 미래에 대한 포부와 야망에 비하여 자신을 과시하지 않고 검소하다. 내가 그에게 배운 점은 남들보다 2배, 3배, 5배의 노력을 한다는 점이다. 대충 감으로 어림잡아서 하는 얘기가 아니다. 실제 물리적인 업무 시간만 따졌을 때 그렇다. 난 머니테이커를 이렇게 부른다. '노력형 천재'라고 말이다.

평범한 사람이 과연 어떻게 성공할 수 있을까? 각기 다른 상황과 환경에 있기에 획일화된 성공 공식을 한 권의 책으로 전달하기란 쉬운 일이 아니다. 그럼에도 내가 이 책을 추천하는 이유는 명확하다. '소중한 사람을 지키는 힘'을 기를 수 있도록 해준다.

갑자기 무슨 뜬구름 잡는 소리인가 싶을 것이다. 우리가 살아가는 세상에서 돈은 절대적으로 필요하고 무시할 수 없다. 여러분이 좋든 싫든 이건 부정할 수 없는 사실이다. 매달 결제해야 하는 카드비와 월세, 그 외에 지출되는 것들이 얼마나 있는가? 가장이라면 가정을 책임져야 하고, 부업이나 창업에 관심이 생긴다면 자신의 몸값을 높이기 위해 밤낮 가리지 않고 고민을 해왔을 당신이다.

그뿐만 아니라 정보가 과부하 된 것을 넘어 우리 일상의 우선순위를 결정하지 못하게 끝도 없이 나의 눈길을 훔쳐 가는 후킹 문구들이 소셜미디어에 가득한 세상이다. 거기서 우린 얼마나 시간과 돈이라는 소중한 자산을 테이킹(Taking) 당했는가.

머니테이커는 현재의 명성과 실력에 비하여 처음 시작은 소소했다. 그는 가정을 책임지는 가장이자 평범한 교사 출신이었다. 지금 이 책을 읽고 있는 당신보다 훨씬 출발점이 늦었던 사람이다. 당신과 같은 고민을 누구보다 오래 했던 사람이다.

하지만 남들과 달랐던 점은 그는 소신이 있었다. 매사에 굽히지 않고, 자신에게 주어진 장애물을 피하지 않고 정면으로 마주했다. 물방울이 오랫동안 바위를 향해 한방울씩 떨어지면 결국 바위의 형태가 변하듯, 그의 노력은 세상이 보기엔 작았지만 결국 그가 쌓아올린 결과물이 오늘날에 몇만 명의 수강생들을 탄생시켰고, 수많은 사람들이 그의 교육을 듣고 인생을 바꾸었다.

이제 역습할 차례다. 당신이 그동안 실패라 여겼던 시행착오의 조각들이 이 책을 통해 당신만의 청사진으로 완성될 것이다. 당신이 어떤 삶을 살아왔든, 평범하든, 그 이하든 아무 상관이 없다. 저자가 안내해주는 공식만 따라가면 된다. 그 과정에서 사고방식의 흐름을 읽어내라.

그는 지금 당신이 이 책을 읽고 있는 순간에도 성장하고 있다. 인공지능이 판치는 이 세상에서 정공법으로 자신에게 주어진 자본주의 사회 게임을 타파하는 그의 독보적인 철학을 이 책 한 권으로 모두 얻어가길 바란다. 이제 여러분이 머니테이커(Money Taker)가 될 차례다.

떠오름 출판사

손힘찬

프롤로그

매일같이 이메일과 DM으로 오는 질문이 있다.

"어떻게 해야 머니테이커님처럼 퇴사 후에도 성공할 수 있나요?"

"사업도 안 해본 직장인이 어떻게 사업을 빠르게 확장할 수 있었나요?

이런 질문을 받는 순간에도 내 통장에는 돈이 쌓여간다. 광고 대행과 교육 사업, 온라인 쇼핑몰, 월세 등 각기 다른 사업체에서 들어오는 수익으로 '띵띵' 알람이 쉬지 않고 울린다. 사치하는 스타일이 아니어서 크게 돈 쓰는 것도 신경 쓰지 않는다. 일도 내가 원할 때 출근하고, 퇴근 역시 내 마음대로 한다.

이렇게 내가 원하는 걸 하고, 사고 싶은 걸 사고, 먹고 싶은 걸 마음껏 먹으며 즐기는 삶을 산지 올해로 2년째다. 이런 나를 똑똑한 엘리트나 성공한 사람의 삶으로 볼 수 있겠지만, 그렇게 말하기에 난 지능이 높지도 않을뿐더러 뛰어난 사람도 아니다.

오히려 내 삶은 대부분 사람의 행보와 달랐다. 흔히 말하는 흙수저 클리셰가 아닌, 인생의 시간 자체가 남들보다 최소 5년에서 10년은 늦었다. 남들 다 졸업하는 25살에 난 대학에 들어갔다. 남들 다 직장에서 열심히 일하며 대리, 과장을 달 37살에 난 퇴사를 했다(그것도 아이가 3살, 작은 빌라에서 전세로 살 때였다).

모아 놓은 돈도 없었다. 37살에 무자본으로 시작하는 마음은 어떨까. 그 무렵부터 '돈 버는 원리'를 깨닫고 다시 0부터 시작했다. 그리고 2년이 지난 39살에 3개의 사업체를 운영하게 되었다. 이전까지 사업 한번 안 해본 나였음에도 불구하고, 2년 만에 빠르게 사업을 만들고 내가 그토록 원했던 부를 향해 가고 있다.

이 책은 당신을 1,000억 부자로 만들어주는 책이 아니다. 훌륭한 위인으로 만들어주는 책도 아니다. 난 위인이 될 생각도 없다. 나와 내 소중한 가족, 나를 믿어주는 주변 사람을 지킬 수 있을 정도의 돈만 벌면 된다. 그렇기에 우리가 생각하는 부자의 단계, 즉 정신적·신체적 자유를 느끼는 단계까지는 지금 확실히 말할 수 있다.

'돈 버는 데는 학벌이 필요 없다.'

'돈 버는 데는 나이가 필요 없다.'

수많은 사람이 지금 뭔가를 새롭게 시작하기에 늦은 건 아닌지 고민한다. 자신의 나이를 따지고 처한 환경을 탓하며 망설인다. 그냥 바로 말하겠다. 안 늦었다.

'중요한 건 시기가 아니다.'

'정말로 중요한 건 방법이다.'

믿어도 된다. 나는 37살에 0에서 시작했기에. 내가 지금의 '머니테이커'가 되기까지 걸린 기간은 2년이다. 이 책은 과거의 내가 시행착오를 줄이고 2년이 아닌 1년, 아니 6개월, 또는 그 이상으로 더 빠르게 당신이 머니를 테이킹(Money-taking)할 수 있는 방법을 썼다.

돈을 버는 방법에는 다양한 방법이 있다. 그리고 무자본으로 돈을 버는 방법 중 가장 좋은 것은 마케팅을 활용하는 것이다. 마케팅으로 돈을 벌기 위해서는 다음 5개의 단계를 거쳐야 한다. 최종 5단계까지 가면 미션 클리어다(게임으로 생각하면 이해하기 쉽다).

[1단계 : 멘탈세팅]

⬇

[2단계 : 프로가 된다]

⬇

[3단계 : 부업, 사업, 퇴사]

⬇

[4단계 : 돈을 부르는 시크릿 글쓰기]

⬇

[5단계 : 마케팅으로 지금 당장 돈 벌기]

단계별로 하나씩 설명하겠다.

[1단계 : 멘탈세팅] 먼저 돈에 관한 생각 자체를 바꿔야 한다. 종이에 '할 수 있다'를 적는 맹목적인 멘탈세팅이 아니다. 천재는 어차피 성공한다. 하지만 평범한 사람은 특히 멘탈이 중요하다. 성공을 위해 반드시 해야 할 5가지 멘탈세팅에 대해서 말한다.

[2단계 : 프로가 된다] 프리랜서, 직장인, 사업가는 신분일 뿐이다. 누구나 나만의 부업, 사업으로 돈을 버는 순간부터는 아마추어가 아닌 프로다. 지속적인 수입을 내기 위

한 프로가 되는 방법에 대해 말한다.

[3단계 : 부업, 사업, 퇴사] 부업, 사업, 퇴사 모두 경험한 입장에서 부업, 사업, 퇴사에 필요한 것들, 지켜야 하는 원칙을 말한다.

[4단계 : 돈을 부르는 시크릿 글쓰기] 가장 쉽게 돈을 벌 수 있으면서, 가장 강력한 힘을 가진 건 글이다. 글을 못 쓰고 사업을 한다는 건 가성비를 버리는 것이다. 무조건 돈 벌어주는 글에 대해 말한다.

[5단계 : 마케팅으로 지금 당장 돈 벌기] 부업, 사업으로 돈을 번 사람들이 글쓰기 다음에 해야 할 것은 마케팅이다. 현재 광고대행사 대표로서 마케팅으로 돈 버는 법을 말한다.

이 책을 쓰면서 나의 지난 직장생활, 퇴사 후 사업을 한 생활을 돌아보게 되었다. 내용을 정리하고 체계화하면서 확신이 들었다. 내 인생에 있었던 일들과 변화를 보여준다면 나와 같은 평범한 사람들의 시행착오를 줄여주고, 경제적 자유에 함께 할 수 있다는 확신이다.

이 책이 여러분의 책장에서, 여러분이 지속적으로 돈을 벌 수 있게 해주는 원동력이 되기를 바란다.

끝으로 이 책을 낼 수 있도록 옆에서 정말 큰 힘이 되어

준 사랑하는 아내와 아들, 부모님과 동생, 소중한 지인과 친구들, 소중한 직원분들에게 감사의 말을 전한다. 더불어 함께 사업을 하며 든든한 버팀목이 되어준 규호와 유진 씨에게도 감사의 말을 전한다. 마지막으로 내 삶 가운데 늘 함께해주시는 하나님께 깊이 감사드린다.

정승요(머니테이커)

Chapter 3.
부업과 사업, 그리고 퇴사

Chapter 4.

돈을 부르는 시크릿 글쓰기

Chapter 5.

마케팅으로 지금 당장 돈 벌기

부록.

머니테이커의 핏마케팅 테크닉

Chapter 1

성공의 멘탈세팅 5단계

나는 평범 그 이하였다

학창 시절, 같은 반이지만 있는 듯 없는 듯 조용히 지내는 학생을 본 적 있는가? 조용히 등교해서, 조용히 교실 구석에 있다가, 조용히 하교하는 학생. 결석해도 누가 있었는지조차 모르는 학생. 그게 바로 나였다. 그래서인지 학창 시절 친구 중에 지금까지 연락하는 친구가 거의 없다.

이런 내가 당시 좋아한 건 만화 읽기였다. 한국 만화, 일본 만화 가리지 않고 수많은 만화를 읽었다. 당시 유행한 《원피스》, 《나루토》, 《블리치》와 같은 유명 만화는 물론 잘 알려지지 않아 아무도 모르는 만화까지 읽었다. 초등학생 당시 집 앞에 안데르센이라는 만화방이 있었는데,

대여한 책이 1,000권을 넘긴 기억이 있다.

어렸을 적 난 내성적인 성격에 혼자 공상하는 걸 좋아했을 뿐 딱히 잘하는 게 없었다. 공부도 그냥 무식하게 외우는 게 전부였지, 응용력이라고는 전혀 없었다. 그렇게 초중등학교를 나와 고등학교에 진학해 고3 수험생이 되었지만, 여전히 공부에 흥미가 없었다. 대학 지원도 가, 나, 다 군 중 한 군데만 썼는데 그대로 떨어졌다. 그때도 그냥 '뭐 재수하면 되겠지'라고 쉽게 생각했다.

한마디로 당시의 난 세상살이에 아무 관심도 없었다. 이때부터 내 삶은 일반적인 흐름과 달라졌다. 남들 다 대학교에 갈 때 가지 못한 난 뒤늦게 21살에 대학에 들어갔다. 그러나 한 학기만 다니고 군대에 갔고, 제대 후 24살에 다시 대입 공부를 시작했다. 24살, 적다면 적고 많다면 많은 나이지만, 20대는 변화가 많은 시기여서 1년만 늦어도 매우 불안하다.

결국 25살에 서울교대 초등교육과에 입학했다. 지인들이 졸업하고 취업하는 시기에 난 다시 대학생이 된 것이다. 남들이 볼 때 많이 늦은 인생, 어찌 보면 평범보다 못한 삶, 그게 당시 나의 모습이었다. 막상 그러면서도 '어떻게든 되겠지'라고 여겼다.

사실 교대를 간 것도 특별한 이유가 있었던 건 아니다. 24살, 수능 시험을 끝내고 학원의 같은 반 동생들과 밥을 먹을 때, 그날 그 시간에 결정했다. 당시 우리는 어떤 학과에 가고 싶은지 서로 대화하던 중이었다. 그때 한 동생이 말했다.

"형, 저는 교대에 지원하려고요."

"교대가 뭐 하는 곳인데?"

"교대 나오면 선생님 할 수 있어요."

"중학교 애들?"

"아니요. 중고등은 사범대고요. 교대는 초등학생이에요."

"1년간 열심히 공부했는데, 초등학생 가르치는 대학에 간다고?"

난 농담으로 알고 동생을 놀렸는데, 그 동생은 정말 진심으로 교대에 가고 싶어 했다. 집으로 돌아온 난 곰곰이 생각했다.

'교대에 가면 교사가 되는구나. 난 교회에서 유치부도 오래 했으니, 초등학생이면 가르치는 것도 비슷하지 않을까?'

당시 나는 사회에 관심이 없었기에 아이들을 가르치면서 스트레스도 안 받고, 방학 땐 조용히 놀면 좋겠다는 생각이 들었다. 다소 어이가 없겠지만, 이런 이유로 교대에

간 것이다.

사실 그때 난 한 달에 30만 원도 쓰지 않았다. 그렇기에 내 주변의 부자들은 직장에서 승진을 한 사람, 대기업에 다니는 사람들이었다. 그러니 유튜브와 인스타그램에서 그토록 말하는 월 1천만 원, 2천만 원 수입은 허황된 꿈으로, 정신 나간 사람이 하는 이야기라 여겼다.

예전이 아니다. 불과 5년 전이다. 5년 전만 해도 사업적인 마인드라곤 눈을 씻어도 볼 수 없는 나였다. 그랬던 내가, 부자나 성공한 사람들의 이야기만 나오면 정신 나간 사람의 허황된 얘기라고 여겼던 내가 지금 여러분에게 똑같은 이야기를 전하려고 한다. 만약 지금의 내 과거와 조금이라도 닮은 사람이 있다면, 공감하는 사람들이 있다면, 그 사람들도 변화할 수 있다고 단언한다.

딱 한 마디로 말하고 싶다.

절대 늦은 게 아니다. 지금부터 방향만 바꾸면 된다.

내가 어렸을 때 부모님과 자주 시청한 TV 프로그램이 있다. MBC 〈성공시대〉라는 다큐멘터리인데, 정상에 선 사람들의 삶을 감동적으로 담은 프로그램이었다. 난 그런 프로그램에 나오는 사람들이 무척 신기했고, 아직 세상

물정 모르는 아이였지만 정말 대단하다고 생각했다. 그 사람들은 모두 평범해 보이진 않았다.

당신이 생각하기에 평범한 사람이 가장 성공하기 쉬운 시대가 언제 같은가? 나는 지금이라고 생각한다. 그 이유는 간단하다. 성공의 핵심은 과거의 후회나 미래에 대한 불안 없이 지금 순간에 실행하는 것이다. 그저 계획만으로는 아무 결과도 얻을 수 없다. 게다가 실행에는 돈이 별로 안 든다.

한번 생각해보자. 과거에는 평범한 사람이 성공하기 위해서 어떻게 했을까? 90% 이상 자기 사업을 시작했다. 게다가 인터넷이 발달하지 않았을 때라 과거의 자기 사업은 대부분 오프라인 매장이었다. 오프라인 사업도 매력 있지만, 기본적으로 돈이 많이 든다. 그리고 그만큼 리스크가 크다. 기본적으로 나가는 임대료를 시작으로 인테리어 비용, 수도세, 전기세 등 고정비가 크다.

게다가 입지가 좋은 곳은 권리금도 크다. 그래서 오프라인 사업은 2~3번 망하면 그다음은 재기하기 어렵다. 이것은 마치 야구 경기에서 한 타석만 설 수 있는 타자와 같다. 반드시 안타를 쳐야 살고 스리 아웃이면 바로 은퇴다. 당연히 엄청난 중압감을 느낄 수밖에 없다.

그러나 지금 시대는 그렇지 않다. 인터넷과 스마트폰의 발달로 누구나 자신의 공간을 만들 수 있다. 꼭 스마트 스토어가 아니어도 자기만의 블로그나 유튜브, 인스타그램 등을 만들어서 자기 브랜딩을 쌓을 수 있으며, 그 공간에서 자유롭게 상품 판매나 서비스를 할 수 있다. 즉 오프라인에서는 이미 좋은 입지가 정해져 있다면, 온라인에서의 좋은 입지는 광고와 브랜딩을 통해 충분히 만들 수 있다.

아마 앞에서 한 말들은 이미 많이 들어왔기에 너무 뻔하게 들릴 수도 있다. 하지만 생각해보자. 그러면 이런 좋은 기회가 언제까지 갈까? 앞으로도 계속해서 이런 기회가 있을까?

지금 돈을 아무리 많이 벌어도 이기기 어려운 부류가 있다. 바로 금수저다. 나도 사업을 하면서 가끔 금수저들을 보는데, 부모님에게 강남에 있는 건물 2~3개를 물려받은 금수저들은 받는 월세만으로도 이미 보통 사람의 연봉 이상이다.

설령 벌이가 비슷해도 자산 규모의 차원이 다르다. 당연히 많은 사람이 이런 금수저들을 부러워하며 '우리 부모님은 왜 강남에 땅 한 평 사지 않았지…', '왜 주식이나 부동산에 아무 관심 없이 살았지…' 신세 한탄을 하는 사람들도 있다.

그렇다면 반대로 생각해보자. 앞으로 여러분의 자녀들은 어떨까? 나중에 어쩌면 이런 말을 할지도 모른다.

"예전에는 코딩할 줄 몰라도 블로그 키워서 돈을 많이 벌었다는데, 우리 부모님은 뭐 했지?"

"브랜딩이나 마케팅을 AI가 아닌 사람이 해주고 돈 버는 시절이 있었다는데, 우리 부모님은 뭐 했지?"

사람마다 생각이 다르겠지만, 나는 지금이 돈을 벌기 정말 좋은 시기이자 과도기라고 본다. 앞으로 우리 아이가 저런 말을 하지 않도록 각자의 위치에서 최선의 노력을 하자.

나는 사업적인 마인드가 있는 사람이었을까? 절대 아니다. 지금까지의 글을 봐서도 알겠지만 나는 평범한, 아니 어떤 면에서는 평범 이하의 사람이었다. 내 유튜브 채널에서 내가 항상 하는 말이 있다.

"저는 5년 전만 해도 월 500만 원만 벌면 진짜 고소득자고, 인생 성공한 것이고, 벤츠 끌고 다닐 수 있고, 집 살 수 있는 사람인 줄 알았습니다. 월 1천만 원 버느니, 2천만 원 버느니 하는 이야기는 이상한 사람이나 하는 이야기였습니다."

사업 마인드가 전혀 없던 내가, 이상한 사람이나 하는 이야기를 지금 내가 하고 있다. 그리고 나의 모습을 보며 공감했던 사람이 있다면 그 사람들도 변할 수 있다.

지금부터 나와 함께 멘탈의 방향부터 바꿀 것이다.

멘탈세팅 1.

주사위 게임

성공하고 싶다면 지금부터 방향을 바꿔야 한다. 무슨 방향일까? 바로 어떤 경우에도 성공하도록 멘탈의 방향을 바꿔야 한다. 첫 번째로 기억해야 할 것이 있다. 그것은 바로 성공은 주사위 게임과 같다는 것이다. 만약 당신이 성공을 추구한다면 머릿속에 주사위 던지는 이미지를 만들어보라.

그런데 이 주사위는 1부터 6까지 쓰여 있지 않고, 0부터 무한에 가까운 숫자가 쓰여 있다. 이 숫자들은 당신이 벌 수 있는 돈이다. 0이 가장 많은데(0은 실패다), 간혹 1억, 10억, 100억, 심지어 1,000억 이상의 자본도 쓰여 있다. 나 역시 어떤 일을 시작할 때 먼저 머릿속에 주사위를 떠올린다.

그렇다면 성공하기 위해서 어떻게 해야 할까? 매우 간단하다.

첫째, 게임비를 파악한다.

둘째, 주사위를 최대한 많이 던진다.

셋째, 성공했을 때의 폼과 상황을 기억한다.

1. 게임비는 테이블마다 이미 정해져 있다. 오프라인 매장의 경우 '권리금 + 보증금 + 인테리어 비용'이 게임비다. 온라인 사업의 경우 게임비가 더 적다. 게임비가 더 비싼 테이블의 경우 안정적인 수익을 낼 가능성이 크다. 하지만 이런 게임비를 내면 난 게임을 1~2회밖에 못 한다. 때문에 내가 낼 수 있는 게임비를 가진 테이블에 앉는다.

2. 주사위를 최대한 많이 던져야 한다. 성공은 운과 실력의 조합이기 때문이다. 이때 무엇보다도 주사위를 한 번 던질 때 드는 비용과 시간을 최소화해야 한다. 그래서 난 어떤 사업이든 처음에는 작게 시작한다. 그러면서 주사위에 숫자가 크게 나온 것들만 비용과 시간을 투자하고 다시 시작한다.

3. 주사위를 던져서 성공했을 때는 그만한 이유가 있을 것이다. 성공했을 때 폼이 어땠는지, 어떤 방법으로 던졌는지를 반드시 기억한다. 야구로 비유하자면 안타를 쳤을 때 나의 폼이 어땠는지, 어떻게 휘둘렀는지를 기억하는 것과 같다.
즉 어떤 행동을 해서 수익화가 됐다면 그때 어떤 시스템을 적용했는지, 사람들의 니즈는 어떻게 분석했는지, 마케팅은 어떻게 했는지 등을 기록한다. 그래서 다른 사업에도 대입할 수 있도록 시스템을 더욱 정교화한다.

이것이 전부다. 너무 뻔한 말 같은가? 그런데도 난 이런 말을 왜 할까? 많은 사람이 고작 한두 번 해보고는 다시 시도하지 않기 때문이다.

물론 한 번에 성공할 수도 있다. 하지만 그건 0이 엄청나게 쓰여 있는 주사위를 기가 막히게 잘 던져야 가능하다. 그만큼 굉장히 확률이 낮다. 특별한 사람은 가능한지 모르겠지만, 나처럼 평범한 사람은 절대로 한 번에 성공하기 어렵다(대부분 사람도 마찬가지다).

명심할 것은 A에서 실패했다고 바로 B를 하는 것이 아니다. A가 실패하면 A1, A2 등의 시도를 해야 한다. A를 시도할 때 이미 투입한 비용과 시간이 있기 때문이다. 그러나 A3, A4까지 했는데도 안 된다면? 그때는 어느 정도 A에 대한 지식과 이해가 생겼을 것이다. 바로 그때 B를 하면 된다.

내가 마케팅으로 큰 수익을 내는 걸 본 많은 사람이 마케팅을 시도한다. 즉 부업으로 프리랜서 마케터를 하거나 광고대행사를 창업하려 한다. 마케팅 대행은 A 중에서 A1이다. 그러면 A2, A3는 무엇일까? 예를 들어 마케팅 대행사를 운영하는 것이 아니라, 이미 배운 마케팅을 배워서 자신의 사업에 활용할 수 있다(A2). 또는 마케팅을 배우면서 익힌 블로그를 통해 블로거가 되어 돈을 벌 수도 있다(A3). 즉 A를 시도하면서 파생되는 것들(A1, A2, A3)도 주사위를 던지며 성공 확률을 높여야 한다.

많은 사람이 주사위를 한 번 던지고는 말한다. "역시 안 되네." 그리고 자리에서 일어난다. **카지노에서 게임을 할 땐 오래 앉아있는 사람이 그 게임을 주도한다. 여기저기 떠돌아다니는 뜨내기들은 한두 번씩 와서 돈만 잃을 뿐이다.** 그러니 당신은 멈추지 말고 계속 주사위를 던지기 바란다. 그만한 각오가 없다면 처음부터 이 게임에 참가하지 않기를 권한다.

하지만 나는 당신이 게임 테이블에 앉을 것을 알고 있다. 적어도 이 책을 읽는 사람이라면 자본주의에 대해 이미 깨어있는 사람이기 때문에.

그러니 어차피 도전할 거라면 제대로 하자.

멘탈세팅 2.

인생은 영상이다

나는 만화를 좋아한다. 만화에는 다양한 스토리와 주인공이 등장하는데, 내가 좋아하는 건 주인공이 멋지게 금의환향하는 순간이다. 예를 들어 레벨 1의 능력치였던 주인공이 엄청난 수련으로 레벨 100을 달성했거나, 무일푼 거지였던 주인공이 성공해서 백만장자가 되는 것처럼 말이다. 그 순간 묘한 쾌감을 느낀다. 엄청나게 변한 주인공의 모습에 나를 대입했기 때문이다.

문제는 그 이미지다. 내가 생각하는 성공한 모습은 좋은 집에 살면서, 좋은 차를 몰고, 고급스러운 취미를 즐기는 모습이다. 이런 모습은 1컷, 즉 이미지 1장이다. 만화의 마지막에 나오는 1장의 페이지다. 그런데 인생의 현실에서 이런 이미지 1장을 얻으려면 수많은 시간을 써야 한다.

만화에서는 레벨 1에서 레벨 100이 되기까지를 1권 안에서 보여주지만, 실제 우리 인생에서는 몇 달, 몇 년, 혹은 몇십 년을 써야만 하다(물론 개인적인 차이는 있다).

만화와 현실의 격차가 크듯이 내가 원하는 이상향(1장의 멋진 이미지)에 도달하는 건 매우 어렵다. 이런 사실을 깨닫지 못하면 '열심히 했는데 왜 안 되지?'라고 생각할 수 있다. 안 되는 게 아니다. 인생은 그 1장을 얻기 위해 가는 과정이다. 그리고 인생은 만화(그림)가 아니라 영화(영상)다. 그렇기에 그 장면까지 서서히 가는 중인 것이다.

지금의 난 예전보다 훨씬 풍족하게 살고 있다. 그러나 내가 생각했던 성공한 모습은 아니다. 내가 원하는 성공이 100%라면 대략 50~60%까지 온 것 같다. 아직 갈 길이 멀어도 '인생은 그림이 아닌 영상이라고 생각하기에 꿋꿋하게 나는 그 길을 갈 수 있다. 나아가는 과정을 즐기면서 말이다.

중요한 건 각자 인생이라는 영화의 러닝타임이 흐를수록 점점 변화되고 있다는 걸 알아채고, 스스로 의지를 다지면서 계속 가야 한다는 것이다. 이 책을 읽는 당신은 물론 대부분 사람이 러닝타임의 절반, 혹은 절반도 채 안 왔을 것이다. 시간은 충분하다. 핵심은 당신이 만들고 싶은 스토리대로 꾸준하게 가는 것이다.

결국엔 나도 여러분도 변할 것이다. 물론 그 과정에는 별의별 일이 있을 것이다. 그렇다고 해서 절대로 초조해하지 말자.

인생은 긴 영화와 같은 영상이다.

멘탈세팅 3.

때로는 다른 사람의 말을 무시하라

변화를 받아들이면 생존자가 되지만, 거부하면 죽는다. 변화가 필요할 때는 반드시 시도해야 하며 그래야만 경쟁에서 살아남을 수 있다. 당신도 더 나은 인생을 살기 위해 변화를 추구할 것이다. 그런데 당신이 변하려고 할 때 가장 많이 신경 쓰이는 건 무엇인가? 다른 사람들이 하는 말일 것이다.

인간은 사회적 동물로서 다른 사람들과 상호작용하며 살아간다. 즉 사회 속에서 살아가며 나누는 말들은 서로에게 강력한 영향을 끼친다(그것도 장기간). 물론 당신 주변에 있는 많은 사람이 좋은 의도로써, 당신을 사랑하는 마음에 좋은 말을 해줄 수 있다. 그런 말이 인생을 살아갈 때 도움 될 수도 있다. 평범한 삶에서 말이다(때로는 평범보다 낮은).

세상을 살아가는 모든 사람은 자신의 가치관이나 관점에 부합하는 기준이 있다. 그리고 각자 자기 기준에 따라 다른 사람에게 말을 한다. 즉 말에는 그 사람의 사고방식이 그대로 녹아있는 것이다. 그렇다면 한번 생각해보자. 당신은 지금 변하려고 한다. 단순히 '앞으로 성실하게 살겠다' 정도가 아닌 **'매월 2백만 원을 부업으로 벌겠다'**, **'사업을 해서 월 1천만 원 이상을 벌겠다'**처럼 구체적이다. 변화의 핵심은 돈을 많이 벌어서 성공하는 것이다.

그런데 당신의 변화 목표는 평범한 사람이 생각하는(벌 수 있는) 돈의 가치관을 뛰어넘는다. 이때 당신 주변의 평범한 사람들은 뭐라고 여러분에게 말(조언)을 할까?

"지금 무슨 말을 하는 거야?"
"그렇게 해서 진짜로 되겠냐?"
"괜히 고생하지 말고 편하게 살아."
"그냥 하던 일이나 제대로 해. 계속 회사 다녀야지."
"제발 정신 차려. 결혼해야지(또는 애 키워야지)."

대부분 이런 반응일 것이다. 어찌 보면 당연하다. 당신이 평범하다면 평범한 사람들의 평균치가 당신 주변 사람일 것이고, 그들에게 평균치를 웃도는 수치나 결과는 도저히 이해할 수 없으며, 아예 불가능한 것이기 때문이다.

그래서 나는 모든 사람의 말은 곧이곧대로 들을 필요 없으며, 때로는 무시해도 된다고 생각한다. 당신과 주변 사람의 불화를 일으키려는 것이 아니다. 지금까지 평범하던 사람이 이제야 돈을 벌려고 굳게 마음먹었는데, 주변의 평범한 사람들이 하는 말들이 과연 정답일까 싶은 문제다.

나도 지금 하는 사업을 그만둘뻔한 큰 고비가 서너 번 있었다. 그중 가장 먼저 있었던 고비가 바로 다른 사람이 한 말 때문이었다. 블로그마케팅을 처음으로 접했을 때, 블로그마케팅으로 월 150만 원 정도를 벌었었다. 그리고 내 주변 사람에게 이런 사실을 말했다. 그들이 내게 광고주를 소개해주거나, 사업에 도움 되는 말들을 해주리라 생각했다. 하지만 내게 돌아온 말은 전혀 아니었다.

"너 지금 뭔 소리야?"

"명함이 이게 뭐냐? 장난도 아니고. 그만둬라."

(돈이 아까워서 양면이 아닌 단면 명함을 만들었었다)

"너 참… 열심히 산다…"

(대기업인 사람은 이미 본봉이 내 모든 수입보다 높았다)

"하던 일이나 할 것이지, 네가 무슨 마케팅이야."

"너 회사 승진해야지, 이러다간 큰일 나."

내가 기대한 것과는 정반대의 말뿐이었다. 물론 나에 대한 걱정이나 현실을 봐야 한다는 의미도 있었겠지만, 내가 하는 부업이나 사업에는 아무 도움 안 되는 말들이었다. 당시 나는 이런 말에 굉장히 낙담하고, 블로그마케팅을 그만둘뻔하기도 했다. 만약 내가 이때 부업을 그만두고, 광고대행 사업도 안 했다면 지금의 난 어떻게 되었을까? 생각만으로도 끔찍하다.

다른 사람의 말은 당신에게 큰 영향을 끼칠 수 있다. 그렇기에 더욱 신중하고 조심해야 한다. 가장 좋은 건 다른 사람이 당신에 아무 말도 안 하도록 하는 것이다. 어떻게 그럴 수 있을까? 아주 간단하다. 먼저 당신이 다른 사람에게 나의 변화를 말하지 않으면 된다. 정보를 주지 않으면 답변이 올 일도 없다.

입을 막으면 귀를 닫을 일이 없다.

부업이나 사업을 시작하면 나의 도전을 다른 사람들에

게 알리고 싶다. 만약 월 10만 원, 월 1백만 원, 월 1천만 원의 수익을 낸다면 더욱더 다른 사람들에게 말하고 싶어서 정신이 나갈 지경에 이른다.

바로 그때가 고비다. 주변에 사업하는 사람들에게 한번 물어봐라. 자기 사업에 대해 말하면 좋은 점이 있냐고. 백이면 백, 다들 말하지 말라고 할 것이다. 잘 되면 잘 돼서 말하지 말고, 안 되면 안 돼서 말하지 말고.

사업을 할 때 망할만한 변수를 줄이는 것은 정말 중요하다. 말도 변수에 속하는데, 내 말을 다른 사람에게 하는 것은 그 변수를 높이는 일밖에 되지 않는다. 어떤 사람은 이렇게 생각할 수 있다. 다른 사람에게 말하면 혹시 내 부업이나 사업에 도움을 받을 수 있다고. 나도 그랬었다. 마케팅 사업을 처음 시작할 때, 혹시 주변의 광고주들을 소개해주지 않을까 해서 말했다. 하지만 결론적으로 위와 같이 아무런 도움이 되지 않았다.

지금 생각해보면 매우 간단한 문제였다. 그 사람들의 수준이, 그때의 나와 비슷했으니 도움을 줄 수 없는 것이다. 그나마 도움을 안 주고 끝난 것이면 차라리 다행이다. 내가 한 말이 다른 사람에게 전해지고, 더 많은 사람에게 전해지면서 자칫 나를 오해하거나 시기하고, 질투하는 사람들도 생길 수 있다(나를 응원하고 격려하며, 도와주는 사람은 제외한다).

결론은 간단하다. 여러분이 꿈을 이루려고 할 때 듣는 말은 선별적으로 듣되, 말은 하지 마라. 행동으로 보여주라. 물론 당신을 진심으로 사랑해서 하는 말은 그 마음은 감사히 받되, 목표를 세웠으면 우직하게 가기를 바란다. 그게 평범한 무리에서 빠져나올 수 있는, 평범한 사람의 가장 좋은 방법이다.

나는 당신이 어느 정도 성과를 내기 전에는 다른 사람에게 당신의 계획이나 하는 일을 말하지 않는 것을 권한다. 다른 사람의 말 한마디에도 쉽게 무너질 수 있기 때문이다.

멘탈세팅 4.
잘못된 열정은 쓰레기다

많은 사람이 말한다. 열정은 성공의 열쇠이며, 그 열정을 따라가는 사람은 어디든 도달할 수 있다고. 유튜브에도 수많은 동기부여 영상이 있으며, 다양한 자기 계발 서적에서 열정을 강조한다.

열정에 불타서 지금 삶을 바꿔 보겠다는 마음은 나쁘지 않다. 문제는 잘못된 열정이다. 잘못된 생각에 빠져 잘못된 방향으로 나아가는 열정은 아무런 의미가 없다.

나는 광고대행사를 운영하고 있으니 대행사의 관점에서 말하겠다. 많은 사람이 나에게 마케팅 대행 강의를 듣고 실행한다. 그중 몇 가지 사례를 예시로 들겠다. 대행사는 당연히 광고주가 있어야 일을 시작할 수 있다. A와 B

두 사람이 있다. 둘 다 마케팅을 배웠기에 그 지식을 바탕으로 오프라인의 작은 매장부터 광고를 시작하려고 한다.

먼저 A는 광고주를 구하려고 하루에 50곳씩 오프라인 매장을 찾아간다.

"혹시 블로그마케팅을 하시나요? 안 하시면 하실래요?"

"아니요"

"네, 알겠습니다. 안녕히 계세요."

이런 단순한 대화를 하루 50곳씩 일주일에 300곳을 돌아다녔다. 과연 A는 광고주를 구할 수 있을까? 절대로 구할 수 없다.

반면 B는 광고주를 구하기에 앞서 먼저 업체 분석부터 시작한다. 자신이 가려고 하는 오프라인 매장이 현재 광고를 어떻게 진행하는지, 주변의 경쟁업체는 마케팅을 어떻게 진행하는지, 또 현재 해당 지역의 업종에서 효과적인 키워드가 무엇인지 등을 분석한다. 그러고 나서 업체에 가서 말한다.

"안녕하세요. 옆에 저희 광고주를 만나러 가다가 잠시 들린 마케터입니다. 잠깐 대표님 매장을 검색하며 몇 가지만 고치면 매출이 잘 나올 것 같아 말씀드리려 합니다. 현재 마케팅 이 업종의 경우 ○○키워드가 가장 효과적입니다. 한 달 검색량은 ○○○이고, 옆에 다른 업체들은 ○○○방식으로 마케팅을 하고 있습니다. 제가 분석해보니 저희는 ○○○식으로 하면 매출이 오를 것으로 보입니다."

B는 하루에 몇 군데 업체를 가지 않았다. 사용한 시간도 A보다 절대적으로 적었다. 그런데 A와 B 중에서 누가 더 광고주를 많이 구했을까? 당연히 B다. 물론 열정은 A, B 두 사람 다 많았다. 오히려 실행력이나 기동력 등 눈에 보이는 열정은 A가 더 많아 보일 수 있다. 하지만 방향이 잘못된 열정은 성공과 아무 관계가 없는 것이다.

많은 사람이 처음에 부업이나 사업을 시작하면 열정이 가득하다. 그래서 효율을 고려하기보다는 몸과 마음이 움직이는 대로 간다. 그래서 망한다. 앞장에서 말한 것처럼 주사위는 계속 던져야 한다. 즉 시간은 묵묵히 태워야 한다. 하지만 방향에 맞아야 한다. 즉 무모한 열정보다는 내가 지금 가는 방향이 올바른지 체크해야 한다.

이것은 광고에서도 마찬가지이다. 코로나로 인해 수많은 오프라인 매장들이 휘청거렸다. 이런 상황에서 누구도 망하기는 싫기에 최선을 다한다(물론 일부 사람들은 그냥 포기하기도 했다). 내가 아는 대표님이 있다. 코로나 시기에 그분은 하루 15시간을 식당에서 일하고, 나머지 3시간은 길에서 전단지를 뿌렸다. 하루도 빠짐없이 말이다.

하지만 아무 효과가 없었다. 결국 가게를 접게 되었지만, 본인은 최선을 다했다고 한다. 그런데 다른 가게는 전단지를 뿌리기보다는 홀을 포기하고 배달에 집중했다. 그러면서 온라인 광고에 시간을 쏟았다. 어느 가게가 성공했는지는 굳이 말할 필요가 없을 것 같다.

고양된 마음이 몸의 피곤을 잊게 하는 것은 사실이다. 당신의 열정 또한 필요한 것도 사실이다. 그러나 올바른 방향으로 나아가기 위해 잠시 행동을 멈추고 방향을 체크해야 한다.

어차피 돈은 평생 놓칠 수 없다. 긴 호흡으로 가야 한다.

멘탈세팅 5.
삼간 중 시간을 바꿔라

평범한 사람이 성공하기 위해서는 삼간 중 하나 이상을 바꿔야 한다. 이 삼간은 바로 인간, 공간, 시간을 말한다.

첫 번째 인간은 '내가 만나는 인간'이다. 성공하려면 성공한 사람들을 만나야 한다. 하지만 성공한 사람을 만나는 게 마냥 쉽지 않다. 한두 번이야 만날 수 있겠지만, 만나는 인간을 바꾼다는 건 성공한 사람과의 지속적인 교제를 뜻한다.

상대방과 교제한다는 건 그 사람이 필요한 가치를 줄 수 있어야 가능하다. 그런데 상대방이 원하는 가치를 내가 줄 수 없다면 지속적인 교제는 쉽지 않다.

두 번째 공간은 지금 '내가 사는 환경'을 말한다. 현대판

맹모삼천지교처럼 부모들은 공부하는 자녀의 공간을 바꾸기 위해 대치동, 목동, 중계동 같은 학군지로 이사를 한다. 공간의 중요성은 아무리 강조해도 부족하다. 하지만 지금 내가 속한 공간을 바꾸는 일은 큰 비용이 들기에 역시 쉽지 않다.

우리가 주목할 것은 세 번째인 시간이다. 지금 당장 바꿀 수 있고, 앞으로도 계속 바꾸려고 노력해야 하는 요소이다. 처음에는 인간과 공간이 아닌 오로지 시간을 바꿔야 한다. 하루 24시간은 변하지 않지만, 이 24시간을 효율적으로 잘 써야 한다. 아니 잘 쓰려고 노력해야 한다.

앞에서 말한 배팅에도 적용되는 이야기다. 즉 작은 성공을 이루기 위한 과정을 생각하고, 거기에 여러분의 소중한 시간을 쏟아부어야 한다. 한 번에 성공을 못 해도 괜찮다. 여기에 여러분은 최소한의 비용만을 투입했기에 다음 도전이 가능하다.

각 도전의 비용은 최소화되었고, 시간을 쏟아내는 것이다. 누구에게나 한정된 시간(하루 24시간)은 동일해도 이 시간을 내 목표에 맞는 시간으로 바꾸는 것이다. 이것이 매우 중요하다.

누구나 성공을 목표로 하지만 각자 시간 활용법이 다르

다. 어떤 사람은 '하루 1시간은 내 목표를 위해 쓰자'라고 생각하고, 어떤 사람은 '하루 3시간은 내 목표를 위해 투자하자'라고 생각할 수 있다. 반면 어떤 사람은 '자나 깨나 하루 24시간을 내 목표를 위해 쥐어짜자'라고 생각하고 실행한다.

개혁과 혁신으로 애플을 창업한 스티브 잡스(Steve Jobs)는 "시간은 돈이 아니라 인생의 원칙"이라고 말했다. 반드시 기억하라.

시간을 자신의 목표 달성과 가치 실현에 투자해야 한다.

삼간 중에 시간을 바꾼다면 인간과 공간도 자연스럽게 바뀔 수 있다. 그러나 인간과 공간을 바꿔도 여러분의 시간이 바뀌지 않는다면 원점으로 돌아간다.

나는 혜성같이 나타났다는 말을 믿지 않는다. 국민적 힙합 프로그램인 〈쇼미더머니〉 시리즈가 있다. 매 시즌 화제가 되는 래퍼들이 있는데, 이런 래퍼들을 혜성처럼 나타난 신인, 괴물이라고 부른다. 하지만 이들 중 대부분은 이미 언더그라운드에서 활동했거나, 〈쇼미더머니〉 이전 시즌에 참가했지만 몇 번씩 예선 탈락을 한 래퍼들이다.

이들은 혼자 자작곡을 내면서 여러 번 '보이지 않는 도전'을 했다. 즉 지금이 첫 도전이 아니라는 것이다. 그리고 그 도전에는 인간과 공간이 아닌, 시간을 갈아넣은 것이다. 지금 100만 이상의 구독자를 보유한 유튜버들 중에 상당수가 이미 3~4번씩 유튜브 채널이 망한 사실을 아는가? 또 현재 사업에 성공한 사람들 대부분이 과거에 몇 번씩 실패한 경험이 있다는 것을 아는가?

나는 마케팅 대행사를 하면서 많은 업체의 대표들과 만난다. 물론 한 번에 성공을 이룬 사람도 있지만, 대부분 크고 작은 시행착오를 여러 번 겪은 사람들이다. 그렇게 시간을 갈아넣었을 때 시행착오들을 이겨낼 수 있고, 성공할 수 있다.

지금 워라벨이니, 건강이니 하는 것은 사실 성공과는 관계없는 단어다. 인간과 공간을 바꾸지 못하면 시간을 바꿔라. 그게 성공할 수 있는 유일한 변화다.

흙수저가 뭐 어때서?

요즘 일어나는 사회적 이슈를 보면 두 단어로 설명할 수 있다. 바로 분노와 포기다. 사회 계급 문제, 젠더 갈등, 세대 간 경계벽, 부동산 위기 등 많은 사회 문제의 바탕엔 분노와 포기가 함축되어 있다. 특히 사회적 양극화와 계급 갈등은 매우 심각한 상황이다.

금수저와 흙수저로 대표되는 수저 계급론은 자신의 능력이 아닌 부모가 자식을 지원해주는 능력에 따라 무수저부터 시작해 흙수저, 동수저, 은수저, 금수저로 분류된다. 돈 많고 능력 있는 부모를 둔 사람이 훨씬 앞선 출발점에 선 현실에서 수많은 사람들이 좌절하고, 분노하며, 급기야 포기해버리는 것이다.

이렇듯 부모의 재력이 곧 성공의 필수 조건인 현실에서 내 주변에도 분노하고 포기하는 사람들이 많다. 나 역시 가정의 경제 환경이 좋은 편은 아니었지만, 분명히 말하고 싶다.

"내가 흙수저면 어떤가?"

물론 각자의 환경에 따라 정말 집안의 빚을 갚아야 하는 사람도 있고, 평생 집안에서 발생한 사고나 질병을 감당해야 하는 사람도 있다. 감히 내가 상상할 수 없는 고통일 것이다. 사회에 대한 분노도 있을 수 있으며, 부모의 능력으로 쉽게 사는 사람을 부러워할 수도, 시기와 질투할 수도 있다.

그러나 내가 여러분에게 하고 싶은 말은 "절대로 포기하지 말라"는 것이다. 물론 포기하면 편하다. 예를 들어 운동할 때나 시험을 앞두고 밤샘 공부를 할 때 포기하면 편하다. 하지만 알다시피 그 결과는 스스로 책임져야 한다.

그리고 포기하지 않게 하는 가장 중요한 요소는 열정, 노력이 아닌 Chapter 1을 관통하는 멘탈세팅이다. 멘탈이 제대로 세팅되지 않으면 열정, 노력은 다 의미 없다. 어차피 포기하게 된다.

분노, 시기, 질투, 부러움 등은 감정이다. 이런 감정들은 사라질 수 있기에 괜찮다. 반면 포기는 감정이 아닌 행동이다. 만약 내가 포기해버리는 순간, 거기서 끝이다. 그러면 그때부터 스스로 합리화하기 시작한다.

'우리 집은 흙수저라 어쩔 수 없어.'

'쟤는 나보다 못난 애였는데, 금수저라 이제는 사장이네.'

'역시 아무리 해봐도 안 되는 건 안 되는 거야.'

이렇게 생각하면서 한 번 포기하면, 이 포기는 또 다른 포기를 낳는다. 내게는 동갑내기 친구인 A가 있다. 30대 후반임에도 A는 무직이라 어떻게든 돕고 싶다는 마음이 컸다. 그런데 A와 대화를 하다가 논쟁이 생겼고, 이를 통해서 깨달은 점이 있다.

"A야, 취업은 좀 알아봤냐?"

"아니, 내가 할 수 있는 일이 없어. 나 망했다."

"그래도 무슨 일이든 찾아서 해봐야 하지 않겠냐? 너무 오래도록 쉬었잖아."

"내가 일을 안 하고 싶어서 안 하냐? 할 일이 없어서 못하는 거야."

"지금까지 넌 어떤 노력을 했는데?"

"일이 너무 안 구해져서 인력소에 일용직까지 알아봤

는데, 그것도 자리가 없다더라. 그러니 내가 무슨 일을 할 수 있겠냐."

A는 180cm의 큰 키에 건장한 체격을 지닌 사지 멀쩡한 친구다. 그런데도 '망했다', '못 하는 거다', '무슨 일을 할 수 있겠냐' 등 포기 섞인 말들을 했고, 더 이상 난 대화를 이어갈 수가 없었다. 불과 몇 년 전까지 이 정도는 아니었다. 마음이 통했던 우리는 꿈과 희망을 이야기하며 미래를 설계했다.

그런데 A는 어느 순간부터 하나둘 포기하기 시작하더니 이제는 굳게 결심하지 않고서는 일어설 수 없는 지경에 이른 것이다. 물론 사람마다 처한 환경과 조건이 다른 것을 알고 있다. 현재 상황에 지치고, 우울하고, 좌절된다면 잠시 그 자리에 멈춰 서 있어도 된다.

하지만 그 와중에 멘탈은 성공을 향해 세팅해야 한다.

이런 말을 싫어하는 사람도 많다는 것 알고 있다. 하지만 명심하라. Chapter 1에서 말한 5가지 멘탈세팅을 기억하라. 그리고 다음 Chapter에서는 실제 실행에 대해 말할 것이다.

Chapter 2

프로가
된다

프로 호소인과 프로의 차이

우리는 살면서 프로와 아마추어라는 말을 많이 사용한다. 그렇다면 프로와 아마추어의 차이는 무엇일까? 대부분 능력이 있으면 프로고, 그 반대는 아마추어로 인식한다. 그리고 많은 사람이 저마다의 기준으로 프로와 아마추어를 나눈다.

누군가는 어떤 일을 할 때 전문성을 가진 사람은 프로, 취미로 하는 사람은 아마추어로 생각한다. 또 누군가는 공식적인 직함이나 사회적 지위를 가진 사람은 프로, 그렇지 않은 사람은 아마추어로 구분한다.

나는 프로와 아마추어를 이렇게 구분한다. 어떤 일을

통해 지속적인 수익을 내면 프로이고, 지속성 없이 단발적인 수익을 내면 아마추어다. 그 이상도 그 이하도 아니다. 우리는 지금 자본주의 사회에 살면서 시장경제 체제 하에 있기 때문이다.

마케팅의 예로 설명하겠다. 우리 회사처럼 광고주를 대신하여 외부에서 마케팅하는 광고대행사도 있지만, 광고주의 조직 내부에서 마케팅하는 인하우스 마케터도 있다. 그러면 회사에 속한 인하우스 마케터는 프로인가? 회사가 인하우스 마케터의 가치를 평가한 후 이에 걸맞은 보수를 주며 고용했으니, 프로라고 볼 수 있다.

그렇다면 광고대행사는 어떤가? 현재 마케팅 대행으로 지속적인 수입을 내고 있다면, 광고주가 마케팅을 맡길만한 가치가 있다고 판단한 후 비용을 냈으니 당연히 프로다.

내가 왜 이런 이야기를 하는 것일까? 유튜브를 하다 보면 많은 사람이, 특히 프로라고 불리는 사람들이 '진입 장벽'을 만드는 경우가 많다. 그들은 이제 막 사업을 시작하려는 사람들에게 이렇게 말한다.

"정통성이 없어요."

"내가 대기업 ○년 차 출신인데, 그게 그렇게 쉬운 게 아녜요."

이런 말들이 정말 조언의 역할을 하면 좋겠지만, 때로는 이런 말들이 조언이 아닌 아마추어가 프로가 되지 못하게 하는 진입 장벽이 된다. 즉 일해서 돈을 벌어야 프로인데, 일을 취미로 남게 하는 것이다.

그러니 반드시 명심하라.

나에게 마이너스가 되는 말들은 조언이 아니라 소음이다.

지금 이 책을 읽고 있는 여러분은 앞으로 돈을 벌 것이다. 자신이 속한 분야에서 프로가 될 것이다. 그러므로 정통성이 없다느니, 방법이 틀렸다느니, 수준이 깊지 않다느니 등의 말에 흔들리지 않기를 바란다.

다시 한번 말하겠다.

여러분은 앞으로 돈을 벌 것이고, 프로가 될 것이다.

나 같은 경우 유튜브 채널을 시작한 2년 전에는 다른 유튜브 채널 인터뷰에 많이 출연했다. 해당 채널을 본 사람들은 웃겼을 것이다. 생각해보라. 가면을 쓴 이상한 사람이 마케팅에 대해 이야기하고 있지 않은가?

나 또한 앞서서의 수많은 말들을 들었다. 앞서 말한 '정통성이~, 대기업 ○년 차 출신~' 등은 내가 직접 들은 말들이다(감사하게도 내 채널 구독자분들은 모두 좋은 분들이라 <머니테이

커>에서는 들은 적이 없다).

한번 생각해보자. 우습지 않은가? 굳이 정통성을 따진다면, 마케팅 관련 학과를 나와야만 프로인가? 대기업에서 오래 일한 경험이 있어야만 프로인가? 자본주의 사회에서는 돈을 벌면 프로다. 그리고 난 프로로서 자신이 있다. 앞으로 길게, 또 많이 돈을 벌 것이다.

지금 이 책을 읽는 여러분도 나와 같은 관점을 갖길 바란다. **여러분 중에선 이제 시작하는 사람도 있을 것이다. 당연히 경력도 0, 경험도 0이다. 그러나 여러분도 돈을 벌 것이며, 프로가 될 것이다.**

Chapter 2를 통해 프로가 되는 방법에 대해 말할 것이다. 지금부터 시작이다. 기존 프로 호소인에 쫄지 말고 한 걸음씩 나아가보자.

01.

나만의 방망이를 깎는다

나는 광고대행사의 대표이기에 앞서 한 명의 마케터이기에 많은 광고주를 만난다. 현재 핏마케팅은 한번 광고주로 오게 되면 몇 년씩 함께하는 분들이 많으며, 이런 분들과 자주 교류하는 편이다. 언젠가 광고주와 이야기하다가 이런 말을 들었다.

"대표님은 꼭 《방망이 깎던 노인》 책 속의 주인공(노인) 같아요."

그 이유가 궁금했던 난 왜 그렇게 생각하는지 물어봤다. 그때 들은 대답이 아직도 기억난다.

"이제는 그렇게까지 안 해도 되는데, 한땀 한땀 정성껏 일하시잖아요. 기술자가 아닌 장인 같은 느낌이에요."

내 성격과 잘 맞는 비유다. 실제로 내 성격 자체가 방망이 깎는 노인이다. 매사에 꼼꼼한데 굉장히 디테일하다. 내가 원하는 결과가 안 나오면 방망이를 부러뜨리고 다시 만든다. 시간과 비용이 들어도.

그런데 이런 내 성향이 매출에 좋은 영향을 끼치는 것만은 아니다. 나도 알고 있다. 공산품처럼 빠르게 많이 만들면, 더 높은 매출을 올리는 것을. 하지만 그런 마케팅 회사는 너무나도 많다. 그리고 그만큼 희소성이 없다.

나를 찾아오는 사람들은 저렴한 일회용품을 사러 온 것이 아니라, 자신에게 딱 맞는 상품을 사러 온 것이다. 이런 사실을 유념하며 매사 일하기에, 우리 회사는 동종업계에서 이례적으로 광고주의 바뀜이 거의 없다. 그래서 영업사원도 따로 없다. 한명 한명의 광고주가 모여서 성장의 계단을 걸어왔다.

이 책을 읽는 여러분도 나처럼 방망이 깎는 노인이 될 필요는 없다. 그러나 이것 하나만 명심하자.

내가 '돈값'을 하려면 '차별점'이 있어야 한다.

그리고 그것을 극대화해야 한다.

A와 B, 두 광고대행사가 있다. A 회사는 카피라이팅을 센스 있게 잘 쓴다. 그렇다면 A 회사는 계속해서 카피라

이팅을 파고들어야 한다. 이렇게 하면 다른 경쟁사들이 A 회사의 카피라이팅을 따라 할 때쯤, A 회사는 더욱 압도적인 카피라이팅으로 시장 점유율이 높아져 있을 것이다.

B 회사는 모든 게 평범한데 광고주와의 소통만큼은 넘버원(Number One)이다. 하나하나 작은 변화를 광고주에게 항상 보고하고, 전화 통화도 자주 한다. 그래서 퍼포먼스는 일반적인 수준이지만, 광고주들은 B 회사를 믿고 일을 맡긴다.

A와 B 두 광고대행사가 다른 것처럼 여러분 각자의 성향도 다를 것이다. 사람은 자기 성향에 맞는 일을 할 때 성공한다. 물론 성공에는 실행력이 중요하다. 하지만 성공의 본질은 능력이며, 그 능력은 자기 성향에 기반한다.

예를 들어 똑같은 일에 지겨움을 느끼는 사람이라면, 죽었다가 깨어나도 나처럼 할 수 없다. 그러나 이런 사람도 자기 성향에 맞는 서비스를 제공할 순 있다(앞서 말한 센스나 소통적인 측면 등). 그것을 계속 발전시켜야 롱런할 수 있는 것이다.

다들 롤스로이스 자동차를 알 것이다. 롤스로이스는 수공 자동차의 특성상 한 대의 자동차가 만들어지는데 1,000시간 넘게 걸린다고 한다. 그런데 롤스로이스는 자동차의 옆면을 따라 그어진 코치라인(Coach-line)이 있다. 놀라운 건 아직도 코치라인을 사람이 직접 손으로 그린다고 한다.

그런데 왜 코치라인은 기계가 작업하지 않을까? 기계가 한다면 사람보다 더 정교하게 1mm의 오차 없이 그릴 것이다. 하지만 사람이 작업할 때의 감성과 유니크함이 있어서 롤스로이스 코치라인은 지금도 환영받는 비스코프(Bespoke, 맞춤형 제품)가 되는 것이다.

실제로 코치라인을 그리는 사람은 보통 똑같은 라인으로 보여도 이게 남이 그린 것인지, 수정한 것인지 바로 안다고 한다. 나는 여러분들이 희소성 있는 코치라인과 같은 포지션을 차지하기를 바란다.

여러분의 서비스가 대체 불가할 때 사람들은 기꺼이 돈을 낼 것이다.

02.

디테일에 집착해라

일하는 사람이라면 저마다 하나씩은 직업병 비슷한 강박증이 있다. 내 경우 식사하러 가게에 가면 디테일을 많이 본다. 수저 상태가 깨끗한지, 물잔에 물때는 없는지, 식탁은 끈적거리지 않는지, 여름엔 시원한 물이 나오는지, 종업원의 태도는 친절한지 등을 살펴본다.

예전에는 이런 부분이 제대로 되어 있지 않거나, 또는 제대로 된 서비스를 하지 않을 땐 직접 말을 했다. 이유는 간단하다. 광고대행을 오래 하다 보니 이런 디테일함이 지속적인 매출의 상승, 혹은 하락을 좌우하는 것을 알기 때문이다. 그런데 지금은 내가 '장사의 신', 은현장 대표도 아니고 굳이 말할 필요가 없다고 생각해서 하지 않는다.

한국 영화 최초로 칸 영화제에서 황금종려상과 아카데

미 시상식에서 4개 부분을 수상한 봉준호 감독은 '봉테일'로 불린다. 작품 곳곳에 디테일한 연출을 통해 전 세계적으로 작품성과 대중성을 모두 인정받은 것이다. 마찬가지로 갈수록 치열해지는 시장 경쟁에서 살아남는 방법은 바로 디테일에 있다. 사실 많은 업체의 승부가 디테일에서 결정 나는데 그것을 모른다.

광고대행사의 입장에서 설명하겠다. 한 요식업체에서 마케팅 의뢰가 왔다. 대부분의 요식업체에서 원하는 키워드는 '맛집'이다. 즉 '이태원 맛집', '용산역 맛집'처럼 자신들의 가게가 속한 지역에서 맛집 키워드를 원한다. 그런데 그곳이 정말 맛집일까? 또한 맛집만 장사가 잘될까?

만약 맛집만 장사가 잘되어야 한다면 각 구에서 미슐랭에 들어갈 만한 1~2개 맛집 외에는 모두 망해야 한다. 그러나 그보다 많은 업체가 장사가 잘되고 맛집이라 불린다. 요식업체의 마케팅을 해보면 음식 맛은 대부분 10점 만점에 6~7점이다.

즉 음식 맛이 나쁘진 않고 먹을 만한데 엄청 '맛있다'까지는 아니다. 이런 가게를 살리려면 어떻게 해야 할까? 바로 디테일에 신경 써야 한다. 대부분 가게가 기본적인 것은 다 갖추고 있으며, 작은 차이에서 성공과 실패가 나뉜다.

성공하고 싶다면 작은 것에 충실하라.

부족한 1%의 디테일을 챙겨야 한다.

내 유튜브 〈머니테이커〉 채널에 올린 영상들은 대부분 내 마케팅 경험에서 나온 것이다. 한번은 번화가에 있는 해물탕집 마케팅을 맡은 적이 있는데, 효과적인 마케팅을 위해 분석했다. '이곳을 어떻게 마케팅하면 좋을까?', '○○동 맛집 키워드로 잡은 후 맛있다고 글을 쓰면 손님들이 올까?'

사람들은 바보가 아니다. 맛집이라고 해서 맛을 타깃으로 하면, 절대로 그 동네 1등 맛집을 이길 수 없다. 먹어보면 바로 알기 때문이다. 대부분의 경우 맛은 10점 만점에 6~7점이기 때문에, 이런 맛을 10점까지 끌어올리려고 시간과 비용을 쓰는 게 아닌, 해당 맛을 커버할 수 있는 디테일을 찾아야 한다.

그래서 해물탕집 특유의 콘셉트를 잡았다. 약간의 찌그러진 양은 냄비에서 해물탕을 끓이는 것을 글과 사진으로 어필하거나, 해물탕은 술과 많이 먹으니 자연스럽게 술안주로 어필할 수 있었다. 맛도 단순히 맛있다가 아니라 먹으면서 해장하는 시원한 맛, 칼칼한 맛 등으로 마케팅하면, 음식 맛은 6~7점이어도 이런 점에 이끌리는 손님들이 있다. 즉 해물탕을 먹는 사람들에게 필요한 디테일을 꽉꽉 채워줘야 한다.

우리 회사가 마케팅하는 분야는 굉장히 다양하다. 유튜브 인플루언서부터 시작해 중소기업, 전문직, 자영업자 등 다양한 업종에서 일하는 분들이 마케팅 의뢰를 한다. 그런데 여기서 마케팅을 제대로 하고 안 하고는 디테일적인 부분에서 차이가 난다.

브랜드 블로그의 경우 진행에 앞서 아이디와 비밀번호를 받아 블로그를 면밀히 체크한다. 기존 글을 썼는지, 또는 초기화를 했는지부터 통계를 통해 검색 유입 경로와 검색 비중, 평균 사용 시간 등을 반드시 체크한다. 그리고 글을 쓰기에 앞서 해당 업체와 업종의 특성에 대해 팀장을 필두로 2~3명의 원고작가가 연구하고 나와 함께 브랜딩을 잡는다.

그 후 키워드 리스트업에 들어가는데 해당 키워드는 단순히 네이버 검색광고에서 기계적으로 뽑아내는 것이 아니라, 우리가 브랜딩한 측면에서 유효한 키워드만 추출해서 세부 키워드부터 세팅한다. 그러면서 매일 포스팅에서 통계를 기반으로 작은 부분까지 조율해 나간다. 이런 과정을 모든 업종에서 체크한다.

상위 노출의 경우에는 더욱 심하다. 그래서 우리 회사가 맡은 브랜드 블로그는 저품질을 만든 적이 단 한 번도 없다. 이런 사실을 이 책에서 밝힐 정도로 난 당당하다. 지금까지 수백 개의 블로그를 작업했지만, 단 한 번도 없었다. 그렇기에 지금의 폼을 유지하고 더 발전시킬 수 있었다.

명품과 공산품의 차이는 결국 디테일이다. 그러므로 현재 핏마케팅에서 진행하는 마케팅 교육의 후기에 가장 많이 등장하는 단어가 '디테일이 살아있는 교육'이기도 하다. 내가 마케팅 일을 디테일하게 하다 보니 자연스럽게 다른 사람을 가르칠 때도 디테일을 가르치는 것이다.

다시 한번 강조한다. 디테일에 집착하자. 디테일이 여러분만의 브랜딩을 만들어 줄 것이다.

03.

초심을 지키면서 원하는 것에 집중하라

마케팅 일을 하다 보면 많은 광고주만큼, 많은 광고대행사를 만난다. 나와 직접적으로 인연 있는 회사도 있고, 알음알음으로 아는 회사도 있다. 대부분의 광고대행사는 자기 분야에서 최선을 다하며 빛을 발한다. 하지만 아쉽게도 그러지 못하는 곳들도 꽤 있다. 실제 예로 마케터들, 광고대행사 대표들이 모인 카톡방들이 있는데, 이런 대화가 자주 뜬다.

"○○○ 대표에게 입금하신 분 연락주세요. 블로그 작업을 두 달째 안 하고 있습니다."

"○○ 광고대행사는 사기 업체입니다. 돈 받고 잠수탔습니다."

이런 대행사들의 행태를 보면 정말 안타깝다. 아마 이

런 대행사들도 처음부터 사기를 칠 마음은 없었을 것이다. 처음에는 프로로서 누구보다 마케팅 일에 자부심이 있었을 것이다. 더 큰 가치를 주고자 노력했을 것이고, 그만큼 돈도 벌었을 것이다.

지금 사기 업체로 불리는 대행사들이 소위 듣보(듣지도 보지도 못한)인 곳도 아니었다. 처음 내가 마케팅을 시작할 때부터 있던 유명한 대행사들도 있었다. 하지만 지금은 그렇지 않게 되었다. 사실 지금은 많이 사라졌지만, 불과 2~3년 전만 해도 광고대행사를 한다고 하면 색안경부터 쓰고 보는 사람들이 많았다.

마케팅을 다단계처럼 보는 사람들도 있었고, 뭔가 존재하지 않는 가상의 상품을 판매하는 것으로 오해하는 사람들도 있었다. 하지만 사람들의 이런 인식이 괜히 생긴 건 아닐 것이다. 분명 들은 게 있고, 그만큼 당한 게 있기 때문이다. 많은 업체가 처음에는 프로였지만, 어느 순간부터 초심을 잃는다.

그렇다면 광고대행사의 경우는 어떨까? 광고대행사는 당연히 광고 퍼포먼스로 승부를 봐야 한다. 그런데 광고로 승부를 보기보다 단기적으로 돈 버는 것에 치중하면 어떻게 될까? 한 명의 예비 광고주에게 3개월이나 6개월이 아닌 2년 치의 광고를 할인과 프로모션 등의 명목으로 무리하게 결제하게끔 한다.

왜 그렇게까지 할까? 만약 광고주와 3개월로 계약하면 그다음엔 연장할 자신이 없으니(다시 말하면 광고 효과를 보여줄 수 없으니) 할 수 있는 한 최대한의 기간을 계약해서 광고비를 한 번에 받으려는 것이다.

심지어 광고 계약서에 환불 불가 조항을 잘 안 보이게 기재하곤 광고주를 대충 관리한다. 그리고 또 다른 광고주를 찾는다. 즉 광고를 집행하는 시간은 최소화하고, 광고주를 찾아 설득하는 데 모든 에너지를 써 버린다. 실제로 이렇게 하면 단기간 수익은 훨씬 더 높아진다. 한 달에 2년 치 광고비가 다 들어오는 것이고, 이렇게 몇 건만 해도 엄청난 액수이다.

하지만 그 결과는 뻔하다. 제대로 준비되지 않았기에 광고주들은 불만족하며 환불을 원하는데, 환불도 제대로 안 되는 상황이니 광고대행사에 대한 불만은 커질 수밖에 없다. 그러나 이미 그 돈은 다 써버렸거나, 환불할 수 없는 상황이니 회사는 잠적하고 만다.

나는 지금까지 수많은 회사를 만났고, 수많은 회사의 상승과 하락을 보아왔다. 특히 하락하는 회사들은 거의 초심을 잃은 곳임을 확인할 수 있었다.

이 책을 읽는 여러분은 앞으로 프로가 될 것이다. 그리고 분명히 선택의 시기가 온다. 그때 돈을 벌기 위해 잘못된 선택을 하지 않아야 한다.

결국 초심을 잃으면 잠깐은 반짝일 수 있지만,
급격하게 추락할 수밖에 없다.

04.

불만족하면 진짜 마케팅이 아니다

광고대행사는 광고를 집행하며 먹고 산다. 또한 광고를 집행하기 위해서는 광고주가 필요하다. 정상적인 SNS 마케팅이 운영되면 수익은 다음과 같은 절차를 따른다.

광고주 → 광고대행사 → SNS 리뷰어(블로거, 인스타그래머, 유튜버)

이때 광고주가 만족하는 방법은 무엇일까? 아주 심플하다. 광고주가 지불한 비용 대비 광고가 잘 집행되고, 실제로 잘 집행되고 있는지 본인이 이해하면 돈이 아깝지 않기에 만족할 수밖에 없다.

따라서 광고대행사는 두 가지만 잘하면 된다.

첫째, 광고 성과 내기

둘째, 광고 성과 공유하기

먼저 첫째, '광고 성과 내기'는 마케팅을 집행하는 대행사의 입장에서 너무 당연하다. 사실 광고 성과를 내기 위해 어떤 혁신적인 방법을 생각할 필요는 없다. 처음에는 기본에만 충실하면 된다. 즉 체험단이나 기자단 등 기본적인 상품의 경우, 특별한 기술보다는 제대로 된 키워드를 찾고, 능력 있는 블로거를 찾는 성실함만 있으면 되기에 기본에 충실하면 된다(해당 부분은 유튜브 채널 〈머니테이커〉에 상세히 올려놨으니 참고하길 바란다).

그다음이 중요하다. 둘째, '광고 성과 공유하기'는 광고 성과 내기만큼 꼭 필요한 부분이다. 대부분의 광고주들은 광고에 대해 무지하다. 즉 광고가 어떤 식으로 집행되는지 잘 모른다. 예를 들어 블로그 마케팅에서 체험단이라 하면 '그냥 블로거가 왔구나' 정도만 알뿐이다. 어떤 키워드로 글이 써지는지, 해당 글은 몇 등인지, 한 달간 집행한 광고를 통해 어느 정도의 성과가 발생했는지 등에 대해 잘 알지 못한다.

따라서 이런 부분을 광고주에게 구체적으로 알려준다면, 광고대행사에 대한 신뢰와 만족감은 올라갈 수밖에 없다. 그러려면 어떻게 해야 할까? 가장 쉽게 할 수 있는 부분은 광고주를 포함해 실무자들이 서로 편하게 연락할 수 있도록 카톡방을 만드는 것이다.

그리고 카톡방에서 해당 업무를 받은 사람이 진행 과정을 그때마다 광고주의 눈높이에서 브리핑하는 것이다. 예를 들어 '연남동 카페'라는 키워드로 체험단을 모집하고 글을 썼다면 이렇게 말하고 올린다.

"키워드 '연남동 카페'로 모바일 통합검색 4등입니다."

"해당 링크와 캡처 이미지를 전송합니다."

여기에 공지 사항으로 구글 스프레드시트를 올려서 '현재 몇 명의 블로거가 체험했는지, 지금까지 각 블로거가 몇 등을 했는지'를 실시간으로 보여줄 수 있다. 노션과 같은 업무툴로 공유할 수도 있다. 또한 광고주가 궁금해하는 건 해당 담당자가 확인해서 상세히 알려주면 된다(오전 9시부터 오후 6시까지).

이렇게 광고 성과 공유체계를 갖춰놓으면 광고주는 광고가 어떻게 진행되는지 쉽게 알 수 있으며, 매우 만족할 수밖에 없다. 더 이상 무형의 잘 모르는 상품에 돈을 지불하는 게 아니라 가시적으로 보이고, 그 효과도 나타나는 지표들을 보여주기 때문이다.

광고주와 연락체계부터

업무 분할체계까지 디테일하게 잡아야 한다.

물론 이렇게 할 수 있음에도 못 하는 상황도 있다. 앞서 말한 두 가지 중 첫 번째인 '광고 성과 내기'가 미진할 때다. 앞에서 '연남동 카페'라는 키워드를 블로거에게 줬는데 글 순위가 10위는커녕 50위 안에도 없는, 소위 말하는 안드로메다까지 가버렸으면 어떻게 해야 할까? 광고주에게 알려주기 참 민망한 상황일 것이다.

그러면 카톡방이든, 구글 스프레드시트든, 노션이든 보여줄 수가 없다. 그래서 먼저 '광고 성과 내기'에 자신 있어야 하고, 그다음 이것을 제대로 알려주기 위해서 '공유 체계 갖추기'가 필요하다.

광고주가 바라는 것은 거창한 것이 아니다. 여러분의 서비스가 '황실 서비스'일 필요가 없다. 광고주가, 또는 여러분의 클라이언트가 원하는 것은 결국 만족이다. 그리고 그 만족은 객관적인 요소들이 채워져야 나오는 것이다. 그렇지 않고 단순히 '우리끼리 관계가 좋아서, 또는 아는 사이니까' 이런 것은 절대로 오래가지 못한다.

여러분의 클라이언트를 만족시키자.

05.

인정하라, 지금은 천재를 이길 수 없다

제목만 보고 부디 착각하지 말기를 바란다. 핵심은 '지금은'이다. 앞장에서도 말한 것처럼 나는 자타공인 평범한 사람이다. 평범한 환경에서 평범한 두뇌와 평범한 성격으로 지금까지 살아왔다. 내 머릿속에는 항상 이런 성공 그래프가 있다.

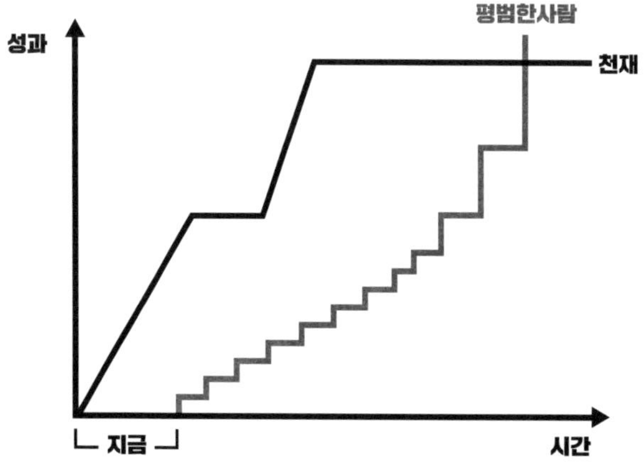

그래프의 가로축은 시간이고 세로축은 성과다. 천재는 처음부터 수직에 가깝게 엄청난 속도로 성과를 이룬다. 즉 바로 1천만 원에서 월 1억 원을 찍는 사람들이다. 이런 천재는 단기간에 말도 안 되는 성과를 낸다. 그렇게 한 두 번의 퀀텀 점프(Quantum Jump, 단기간에 비약적으로 실적이 상승)로 정상에 오른다.

또한 천재답게 정상의 퍼포먼스에서 거의 내려오지 않으며, 지속해서 사업을 영위한다. 자잘한 계단의 그래프는 나처럼 평범한 사람이다. 어떤 일을 똑같이 시작한 지점에서 시간이 지날수록 천재와 평범한 사람은 비참할 정도로 차이가 난다. 천재가 월 1천만 원을 돌파했을 때 평범한 사람은 월 10만 원, 아니 가시적인 수익을 내지 못할 수도 있다.

게다가 이런 기간이 상당히 오래 지속된다. 심지어 천재가 '부의 퀀텀 점프'를 통해서 엄청나게 사업을 키웠을 때 평범한 사람은 전혀 수입이 없을 수도 있다. 비참하지만 우리 같은 평범한 사람은 지금은 천재를 이길 수 없다.

그런데도 분명히 난 천재를 이길 수 있다고 본다. 왜냐하면, 앞장에서 말한 것처럼 모든 사람에게 공평한 잣대인 시간을 온전히 태운다면 나타나지 않을 것 같던 계단이(천재가 보기엔 정말 작은) 하나씩 나타나면서 올라갈 수 있어서다.

그러나 한 계단을 올라갔다고 해서 바로 다음 계단을 올라갈 순 없다. 평범한 사람은 한 계단을 잘 다지지 않으면 폼도 잘 안 잡혀서 자칫 잘못하면 정말 어렵게 올라간 그 한 계단도 다시 내려올 수 있기 때문이다.

운동선수들은 노력도 중요하지만, 천부적인 재능이 중요하다고 한다. 즉 정말 뛰어난 재능이 있는 사람들은 폼 자체가 효율적이며, 항상 강력한 폼을 유지한다. 반대로 재능 없는 사람은 그 폼을 만들려고 피땀을 흘려야 하며, 그러다가 연습을 쉬면 다시 그 폼을 잊어버린다. 그런 이유로 난 한 계단씩 올라간다.

내가 이 이야기를 하는 이유가 무엇일까? 평범한 사람이 가장 먼저 그만두는 타이밍은 바로 초반의 격차를 느낄 때다.

'비슷한 시기에 시작했는데 전혀 다르네.'

'역시 사업하는 사람은 따로 있나 봐'

'나는 도저히 안 될 것 같아.'

이렇게 말하고 초반에 쉽게 끝내는 일이 많다. 그냥 인정하라. 재능 자체가 다른 것이다. 예체능만 재능의 영역이라고 생각하는가? 돈을 버는 것도, 사업도 천부적인 영역이 있다. 이 사실을 인정하고, 누구에게나 가장 공정한 시간을 태워라. 그러면서 자신의 성과를 만들어라. 작은 조약돌이어도 좋다(처음엔 1만 원도 좋다). 그러면서 내 폼을 만들어 나가는 것이다.

현재 나의 성장도 앞에서 말한 성공 그래프와 일치한다. 나는 단 한 번도 급상승한 성장을 누린 적이 없다. 하지만 후퇴(하락)한 적도 없다. 한 계단씩 조금씩 조금씩 올라갔다. 그러다 보니 남들이 보기에는 지금의 내가 '언제 저기까지 갔지?'라고 생각들 수 있다. 지금은 그 뛰어났던 사람들과 비슷하거나 거의 다 왔다고 느낄 때가 있다.

이 책을 읽는 여러분도 나와 같은 평범한 사람이라면 분명 초반에 성과를 내지 못할 것이다. 앞으로 가장 어려운 시기를 겪을 것이다. 어쩌면 포기할 수도 있다. 다시 한번 강조한다.

시간을 태우며 방향을 잡아가자.

성공 그래프의 끝을 보면 결국 평범한 사람도 올라간다. 누가 누구를 이기는 건 전혀 중요하지 않다. 평범한 사람도 성과를 올리고 발전할 수 있다는 것이 중요하다. 어차피 평범한 사람에게 타이밍은 아무런 의미가 없다.

그래서 오히려 신경 쓸 것이 없다. 멘탈을 관리하며 프로로 끝까지 가보자.

올해 난 이 책을 냈고, 이를 바탕으로 더 많은 사업을 하나씩 할 것이다. 이 모든 과정은 유튜브 〈머니테이커〉 채널과 네이버 카페에서 공유하니 함께할 분은 보시면서 따라오길 바란다.

06.

열심보다 중요한 건 효율이다

흔히 사람들이 많이 하는 말들이 있다. “열심히 해라, 죽을 정도로 하면 살길이 보인다”와 같은 격언이다. 그래서 지금도 성공을 원하는 많은 사람이 자신을 갈아넣으며 열심히 산다. 앞장에서 말한 것처럼 주사위를 굴리는 행위 자체가 시간을 지속해서 투입해야 하는 것이니 당연히 열심히 해야 한다.

그런데 이때의 열심은 디폴트(Default), 즉 고정값이다. 여기에 반드시 추가로 들어가야 하는 것이 있으니 바로 효율이다. 효율을 추구하지 않으면 벌 수 있는 금액의 한계에 부딪히거나, 또는 위기가 다가왔을 때 무너질 수밖에 없다.

코로나 사태 이전에는 많은 오프라인 매장이 성황이었다. 또 많은 마케터들이 이런 오프라인 매장들을 중심으로 이루어졌다. 이때 마케터들이 영업하던 방식은 소위 돌방 영업(개척 영업 : 무조건 찾아가는 방식)이거나, 입소문으로 광고주를 따내는 방식이었다.

이런 돌방 영업은 매우 비효율적인 방법이지만, 당시 주요 상업지에서 많은 업체가 서로 경쟁하던 시기라 광고가 치열했고 수요도 많았다. 하지만 코로나 사태 이후 대부분의 오프라인 매장에서 50% 이상의 매출이 감소했다. 그러다 보니 어쩔 수 없이 광고를 줄이는 상황이 되었고, 자연스럽게 오프라인을 중심으로 하던 광고대행사도 타격을 입었다.

이런 난국을 과연 어떻게 타개할 수 있을까? 더 열심히 분발해서 광고주를 찾아다니면 될까? 이 책을 읽고 있는 여러분도 '그 방법은 아니다'라고 생각할 것이다. 그러나 당시 많은 광고대행사가 갈피를 못 잡았다. 남아있는 광고주를 공략하느라 열심히 뛰어다녔고, 그러다 대부분의 광고대행사는 폐업했다.

실제로 당시 내 주변의 광고대행사들과 마케터들도 정말 열심히 뛰어다녔다. 하지만 앞서 밝힌 것처럼 단순하게 열심으로는 위기를 넘길 수 없다. 반드시 효율이 필요한 것이다.

코로나 사태가 점점 심각해지면서 광고대행업에도 많은 변화가 있었다. 기존의 돌방 영업이나 입소문 만으론 더 이상 효과가 없었기에 좀 더 효율적으로 영업과 마케팅 일을 해야 했다. 당시 오프라인에서 대부분 키워드의 검색량이 10분의 1로 줄었다. 이런 현상이 말하는 건, 사람들이 집에만 있지 더 이상 바깥출입을 하지 않으며, 오프라인 매장에서 식사하거나 옷을 사는 일이 없어졌다는 것을 의미한다.

이때 오프라인 매장 마케팅에서 온라인 쇼핑몰로 타깃을 바꾸거나, 아니면 코로나의 영향을 받지 않는 전문직(변호, 세무, 노무, 병원 등)을 타깃으로 바꾼 광고대행사들은 살아남았다. 아니 오히려 매출이 향상되었다.

어떤 사업이든 항상 변화의 바람은 있다. 광고대행업도 마찬가지이다. 예를 들어 블로그마케팅의 경우, 블로그의 변화에 대해서 민감해야 한다. 현재 네이버의 로직 변화로 인해 기존의 방법으로는 더 이상 키워드가 노출되지 않는다. 이것을 단순히 열심히 작업한다고 해서 될까? 거듭 말하지만, 열심은 고정값이다.

열심을 전제하지 않고 성공한다는 것 자체가 오류다.

그러나 열심만으로는 성공할 수 없고, 효율이 필요하다.

대부분 성과에서 열심은 효율 아래에서 받쳐주는 역할을 한다. 즉 성과란, 열심히 확보한 시간을 효율적으로 활용했을 때 달성할 수 있는 것이다.

효율
열심(보이지 않음)

이런 효율은 현재 상황을 객관화할 수 있어야 한다. 즉 한 발짝 떨어져서 지켜봐야 내가 지금 효율적으로 움직이는지, 또는 비효율적으로 움직이는지가 보인다. 예를 들어서 내가 회사 일 외에 새로운 부업이나 사업을 밤낮없이 열심히 일해서 추가로 월 3백만 원의 수입을 냈다고 가정하자.

이런 경우, 대부분 이 상황이 효율적인지, 비효율적인지 생각할 겨를이 없다. 왜냐하면 지금 당장 수익이 발생하기 때문이다. 하지만 앞서 말한 것처럼 효율을 고려하지 않으면 위기가 닥쳤을 때 극복할 수 없고, 어떤 금액 이상으로는 돈을 벌기 어렵다.

또한 현재 회사에 다니는 직장인인데, 갑작스러운 야근이나 장기 출장 등이 생겼다고 가정하자. 아니면 지방으로 전출이 예정되었다고 하자. 말 그대로 예상하지 못한 위기가 온 것이다. 그러므로 지금 부업과 사업이 잘 돌아가도록 효율적으로 세팅하지 않는다면, 한순간에 지금까지 이뤄온 것들이 무너질 수 있다.

현재 핏마케팅은 더 이상 영업을 하지 않는다. 모든 광고주는 콘텐츠(유튜브, 블로그)를 통해 유입되거나, 홈페이지를 통해 유입된다. 게다가 광고주도 하나의 업종이 아닌 다양하게 분산되어 있다. 그리고 각 업종의 광고 상품마다 서로 다른 담당자가 관리하면서 가장 효율적으로 광고를 진행하려고 노력한다.

지금 당신이 하고자 하는 일에서 열심히 시간만 쓰지 말자. 항상 기억하라. 어떻게 하면 좀 더 효율적일까?

월 1천만 원을 벌지 못해 자괴감이 드는가?

‘월 1천만 원’. 이제는 하나의 키워드로 자리 잡은 단어다. 실제로 한 달간 ‘월 1천만 원’ 검색량은 1천 건 정도로, 많은 사람이 매달 1천만 원 수익을 바라고 있다는 걸 알 수 있다. 게다가 대부분의 사람들이 ‘월 1천만 원을 버느냐, 못 버느냐’로 현재 돈을 잘 버는지, 그렇지 않은지를 판가름한다.

그래서인지 월 1천만 원을 벌지 못해서 자괴감을 느끼는 사람들이 있다. 이들은 심한 경우에 의욕 상실에 빠지거나, 세상을 원망하며 힘들어한다.

그렇다면 도대체 월 1천만 원이 무엇인지 한번 생각해

보자. 매월 1천만 원을 번다는 건, 매년 1억 2천만 원을 번다는 의미다. 하지만 많은 사람이 월 1천만 원만 신경을 쓰지, 정작 그 사람이 매년 1억 2천만 원을 버는지에는 관심이 없다.

사실 월 1천만 원은 아무것도 아니다. 중요한 건 지속성으로, 꾸준하게 매년 1억 2천만 원의 수입이 나오느냐는 것이다. 만약 그렇지 못하다면, 즉 단발적으로 월 1천만 원의 수입에서 그친다면 그 수입의 총합은 일반 직장인 연봉보다 조금 높거나, 혹은 큰 차이가 없을 수도 있다.

내가 이 말을 하는 이유는 '월 1천만 원을 벌어도 실제로는 못 버는 것일 수 있구나!' 생각하며 남을 낮추라는 뜻이 아니다. 만약 지속해서 월 1천만 원을 벌지 못한다면, 난 무엇이 빠졌는지를 생각해보라는 의도다.

대부분 월 1천만 원을 달성하지 못하는 가장 큰 이유는 해당 상품과 서비스가 만족시켜주지 못하기 때문이다. 쉽게 말해서 월 1천만 원은 인지도가 있는 인플루언서이거나, 사업수완이 좋은 사람이라면 충분히 벌 수 있는 액수다. 그러나 상품과 서비스가 제대로 되지 않는다면, 결국 사람들은 다 떠나가버린다. 즉 그 상품과 서비스는 일시적으로 월 1천만 원이 판매된 것뿐이다.

그래서 나는 월 1천만 원이라는 키워드(액수)에 자괴감을 느낄 필요가 없다고 본다. 현재 내 상품과 서비스를 1백만 원, 아니 50만 원만 팔아도 사람들이 만족해하거나, 여러분 스스로 생각했을 때 가치 있는 상품과 서비스라면 오히려 장기적으로 봤을 때 더 승산이 있을 것이다.

때문에 '남들은 월 1천만 원 번다는데 난 왜 안 벌리냐?'라고 생각하기보다는 현재 내 상품과 서비스를 점검하기를 바란다. 그래서 내 상품과 서비스의 미비한 점은 수정하고, 마침내 어느 정도 궤도에 올라왔다고 판단되면, 그때 필요한 것이 바로 브랜딩(Branding)이다.

지금 시대에 브랜딩은 선택이 아닌 필수다.

지금 이 책을 읽는 여러분이 월 1천만 원을 벌지 못한다는 것은 자기 자신, 또는 자신의 사업이 날카롭게 브랜딩이 안 되었기 때문이다. 브랜딩이 안 되었다면 절대로 지속적인 사업 수익을 발생시킬 수 없다.

사실 어떤 부업이나 사업을 시작하는 초반에 브랜딩을 하는 건 어렵다. 현재 여러분이 월 1천만 원을 벌지 못하는 초반의 상황은 당연하다. 그러니 스스로 자괴감에 빠져 자신을 망가뜨릴 필요가 없다. 지금 당장 여러분이 해야 할 것은 원스텝(One Step)부터 처리하는 것이다. 즉 여러분의 부업이나 사업을 효율적으로 세팅해야 한다.

다시 말하지만, 꼭 월 1천만 원이 아니어도 된다. 월 3백만 원, 월 1백만 원의 규모에서 자신이 할 수 있는 한 가장 효율적으로 세팅해보자. 그러고 나서 브랜딩을 해보는 것이다(어떻게 브랜딩을 해야 하는가는 '부록. 머니테이커의 핏마케팅 테크닉'에서 자세히 다루겠다). 자괴감은 쓸데없는 감정이다. 반드시 덜어내라.

내가 자주 하는 말이 있다.

"끝까지 가면 내가 이긴다."

머니메이커의 결정적 한마디

끝까지 간다

주위를 조금만 봐도 성공한 사람들이 많다.

인스타그램, 유튜브 조금만 봐도 부자가 많다.

그게 그들의 전성기다.

그리고 우리는 아직 시작도 안 했다.

데뷔를 해야 한판 붙어볼 수 있다.

내가 늘 생각하는 한 가지가 있다.

"난 포기하지 않았어.

끝까지 가면 내가 이긴다."

Chapter 3

부업과 사업, 그리고 퇴사

해서 망하는 게 아니라 안 해서 망한다

현재 마케팅 대행사 대표로서 많은 광고주에게 마케팅을 해주고 있다. 동시에 수많은 직장인과 대표들에게 마케팅 교육을 하며 가르치고 있다. 이런 내가 생각할 때 많은 사람이 가장 많이 하는 말이면서도, 좋지 않은 말이 있다.

"○○해서 안 되면 어떡하지?"

"○○해서 망하면 어떡하지?"

대부분의 사람들이 어떤 일을 실행하기에 앞서 그 일의 리스크를 체크하고, 또 자신이 실행하지 않은 그 일을 [리

스크적인 측면에서 관리했기 때문에] 실행하지 않았다고 생각한다. 나름 어떤 일을 했을 때 **[리스크가 무엇인지 체크해서] [실행하지 않은 것]**이 스스로 지혜로운 결정이었다고 생각하기도 한다.

그러나 나는 그렇게 생각하지 않는다. 위 문장의 ○○에 들어가는 게 사기나 도박 등 중독적인 일이 아니라면, 대개의 것들은 해서 망하는 게 아니라 '안 해서' 망하는 것이다.

여러분도 스스로 생각했을 때 '내 인생이 변하지 않는 것, 내가 원하는 만큼 돈을 벌지 못하는 것, 지금 성장의 계단을 오르고 있지 않은 것, 나이만 드는 것' 같은 기분이 드는 이유는 하나다. 내가 무엇을 해서가 아니라, 무엇을 안 해서다. 즉 시간이 지날수록 리스크는 커지게 된다.

대부분 사람은 해서 망하는 게 아닌, 안 해서 망한다.
따라서 리스크를 명확히 판단할 필요가 있다.

다음은 내가 많이 들은, 또는 여러분들이 마음속으로 한 번쯤 생각했을 만한 것들이다.

"해서 안 되면 어쩌지?"

[판단한 리스크] 그 일을 해서 안 되면, 시간을 날린다

[결론] 지금 넷플릭스를 보면서 날리는 시간만 줄여도 그 일을 할 수 있다. 넷플릭스, 게임, 술로써 스트레스를 해소하면, 내 삶이 윤택해진다는 건 100% 거짓이다(60살에도 그렇게 살고 싶으면 어쩔 수 없지만).

**"정말 확실한 것은 없을까?
확실하지 않으면 난 실행할 수 없어!"**

[판단한 리스크] 확실한 것을 실행하지 않으면, 시간과 돈을 날릴 수 있다.

[결론] 지금까지 확실한 것을 못 찾았다면, 앞으로도 못 찾을 것이다. 자기에게 꼭 맞는 일은 수많은 실행 없이는 없다. 옷도 여러 벌을 입어봐야 내 몸에 맞는 옷을 찾을 수 있으며, 옷을 잘 입은 마네킹만 바라본다고 스타일이 좋아지지 않는다. 당신이 고민하고 판단했다고 하는 대부분의 일들은 실행 없이 그저 옷깃을 만지작거린 정도일 뿐이다.

"젊을 땐 즐겨야 해. 지금 타는 포르쉐와 50살에 타는 포르쉐가 똑같냐?"

[판단한 리스크] 젊었을 때 고생한 청춘의 시간은 돌아오지 않는다

[결론] 당신은 거지가 명품 가방을 멘 것을 보면 부러운가? 자본이 뒷받침되지 않는 소비는 자신 외에 모든 사람이 다 안다. 이것은 시간도 마찬가지다. 젊은 날에 시간을 아끼지 않는 사람은 자신이 보기엔 낭만과 청춘이지만, 다른 사람이 보기에는 어떤가를 스스로 생각하라. 그 결과는 동년배들과의 격차로 이어진다. 추억만으로 인생을 살아갈 수는 없다. 내게 빛나던 추억도 결국 '왜 그때 좀 더 노력하지 않았을까?' 하는 후회가 돼버리고 만다면, 절대 행복한 인생이라 할 수 없다.

많은 사람이 리스크를 관리한다는 명목으로, 어떤 일을 하지 않고 있다. 원래 나를 포함한 대부분의 사람들은 변화를 두려워해서 안주하려 하는 성향이 크다. 이것을 억지로 해야 할 때는 의지력이 동반되어야 한다.

이번 Chapter 3에서는 멘탈을 세팅하고, 프로가 되려는 사람에게 부업, 사업, 퇴사의 실행에 대해 이야기할 것이다. Chapter 3를 읽기 전에 머릿속으로 이것 하나만 생각하자.

'지금까지 내가 한 리스크 관리는 모두 잘못되었다.'

'해서 망하는 게 아니라, 하지 않아서 서서히 망해가고 있다.'

01.

퇴사를 결정하는 2가지 요소

37살까지는 나도 평범한 직장인이었으나 지금은 퇴사해서 나만의 회사를 만들어 나가고 있다. 나는 직장생활을 하면서 한 번도 사업을 한 적이 없다. 이런 내가 퇴사를 하고 '사업을 하겠다'라고 마음먹은 계기가 있다. 첫 번째는 심리적인 요소였고, 두 번째는 행동까지 마음먹은 요소였다.

먼저 첫 번째 계기는 회식 자리에서 발생했다. 평소 옆에 앉기 힘든 직장 상사가 있는데, 그날은 우연히 그 상사의 옆에 앉게 되었다. 이런저런 대화가 오가던 중에 우연히 내 귀에 이런 말이 들렸다.

"○○○ 님은 어떻게 자수성가를 이루셨나요? 정말 대단하세요!"

내가 봤을 때 ○○○ 상사는 직급만 높았을 뿐, 실제 이제 신규인 나와도 월급 차이는 크지 않고, 자산도 그렇게 많지 않았다. 오히려 ○○○ 상사를 칭찬한 사람의 자산이 훨씬 더 많다고 알고 있었다. 저마다 자수성가의 기준이 다를 수 있는데, 당시 내가 생각한 자수성가는 자본주의 사회에서의 자산의 크기가 기준이었다.

사실 직장에서 오래 일하면 직급이 올라가는 게 전부인데, 회식에서 들은 대화를 통해서 회사에서의 직급이 높아도 자산과 크게 관계가 없다는 것을 느꼈다. 그때부터 퇴사를 생각하고, 퇴사 후에 할 사업을 찾아보기로 마음먹었다.

하지만 사람은 망각의 동물이다. 심리적으로는 이런 부분을 절실하게 느꼈지만, 월급이라는 마취제를 계속 맞으면서 이런 생각은 서서히 사라지고, 현실에 적응하기 시작했다. 그러다가 퇴사를 행동하게 된 두 번째 계기가 생겼고, 이것이 결정적이었다.

흔히들 직장인이 퇴사를 결심하는 순간은 자기가 존경하는 상사의 월급명세서를 보는 순간이라고 한다. 그런데 나는 그런 순간이 아니었다. 나는 나의 미래를 계산했을 때 퇴사를 마음먹었다.

30대 중반이 되어 문득 앞으로 몇 년을 일하고 얼마를 모을 수 있는지를 계산했다. 내가 건강하게 일할 수 있는 기간을 20년이라 잡았다. 20년간의 평균 연봉을 계산했을 때 5천5백만 원이었다. 앞으로 20년간 5천5백만 원을 백 원도 쓰지 않고 모으면 11억 원이다. 여러 가지 변수를 제한한 간단한 산수였다.

당시 스스로에게 물어봤다.

'난 11억 원에 만족하는가? 내 인생에서 이 돈이 내가 하고 싶은 걸 자유롭게 하고, 행복하고 여유롭게 살 수 있는 돈인가?'

내 결론은 아니었다. 그리고 더 많은 돈을 벌기 위해서 사업을 하겠다고 결심했다. 더 이상 회사에 시간을 투자하는 건, 계속 마이너스로 가는 길이기에 바로 퇴사를 준비했고, 이후 사업을 준비했다.

누구나 퇴사하고 사업하기를 마음먹는 결정적인 계기가 있을 것이다. 주의할 것은 마음먹는 것과 행동하는 것은 전혀 다르다. 일단 심리적으로 퇴사를 느끼게 되면 1차 관문은 통과한 것이다. 그리고 1차 관문을 통과했다고 바로 퇴사까지 할 수는 없다. 심리적인 부분에서 퇴사해야

겠다고 생각하며, 퇴사를 고려한 것일 뿐이다. 2차 관문을 깨기 위해서는 스스로 행동까지 이루어져야 한다.

그리고 1차 관문이 외부에서 주어진 것이라면, 2차 관문은 스스로 깨야 한다. 나 같은 경우는 미래를 계산했다. 그 이외에도 아래와 같은 것들이 2차 관문을 깰 수 있는 행동들이다.

- □ **현재의 자산과 30년 뒤 미래에 만들 자산의 계산**
- □ **현재 지출되는 생활비와 자녀의 성장에 따른 생활비 계산**
- □ **직장을 다니면서 발생하는 리스크 점검**
- □ **내 인생의 목표를 직장에서 이룰 수 있는지 없는지 체크**

위 문항을 보며 지금 당장 퇴사해야 하는지, 다녀야 하는지 체크해봐라.

퇴사는 필수사항이 아니다. 하지만 그렇다고 회사를 계속 다녀야 할 이유도 없다.

02.

퇴사의 적절한 타이밍

직장인이라면 누구나 퇴사를 겪는다. 현재 이직을 준비하고 있거나, 자기 사업을 하려는 사람도 있을 것이다. 그렇다면 과연 퇴사하기에 가장 좋은 타이밍은 언제일까? 먼저 말하고 싶은 건, 퇴사의 타이밍에는 정답이 없으며, 퇴사가 정답이 아닐 수도 있다는 것이다.

실제로 많은 사람이 자신의 상황에 따라 **[부업 → 퇴사 → 사업]**의 과정을 밟는다. 어떤 사람들은 **[퇴사 → 사업]**을 하며, 또 어떤 사람들은 퇴사하지 않고 여러 방법을 통해서 부업이나 사업을 병행한다. 그러나 본인 명의로 사업을 하고, 추후 세금과 명의까지 생각한다면, 결국에는 퇴사해야 할 것이다(대부분 회사는 겸직이 금지되어 있다).

지금 퇴사를 불가피하게 해야 한다면, 퇴사의 타이밍을

잘 잡아야 한다. 나도 퇴사한 경험이 있기에 정말 많은 사람이 내게 '언제 퇴사하면 좋을지'를 물어본다. 앞서 말한 것처럼 퇴사의 타이밍에 정답은 없다.

그러나 개인적으로는 벌 수 있는 기댓값(또는 이미 벌고 있는 수익)**이 최소한 회사에서 받는 수익 이상으로 6개월이 넘을 때라고 말하고 싶다.**

내가 퇴사를 한다는 건 더 큰 유동성에 자신을 던지는 것이므로 수익적인 부분이 받쳐주지 않으면 흔들릴 수밖에 없다. 물론 아무것도 없어도 열정으로 부딪쳐보라는 사람들도 있지만, 나는 안전 지향형이기 때문에 기대수익, 또는 부업이나 사업에서 발생하는 수익이 월급 이상이고 이게 6개월은 지속할때 퇴사를 고려하라고 말하고 싶다.

덧붙여 말하면, 퇴사 전에 미리 세팅해야 할 부분이 많다. 직장인 신분에서는 사업에 필요한 돈을 대출받을 수도 있고, 사업을 시작할 때 갖춰야 할 사무용품이나 집기가 무엇인지 체크해야 한다. 그 밖에 사업자 개설, 사무실 임대, 직원관리법 등 생각보다 해야 할 것들이 많다.

그런데 이런 것들은 직장에서 조금만 더 유심히 살펴보

면 적용할 수 있는 것들이 많다. 직장이야 말로 내가 생각할 때 롤 모델이 되는 사업체일 수 있기 때문이다. 퇴사는 6개월 정도의 안정된 수입과 회사 내부의 시스템에 대해 충분히 배우고 해도 늦지 않다.

중요한 건 퇴사가 아니다. 퇴사가 여러분의 자유를 보장하지도 않는다. 여러분이 더 자유로워지기 위해서라도 더 확실히 준비한 후 퇴사하라.

03.

결국 나만의 부업, 사업을 해야 한다

많은 사람이 창업을 꿈꾸지만, 현실에서 내 사업을 하기란 쉽지 않다. 사업이라는 단어만으로도 부담감을 느낀다. 예를 들어 '직장인'이란 단어는 일반적이고 평범하다고 느끼며, 무난하게 일할 수 있을 것 같다. 그런데 여기서 직장인이란 단어를 '사업'으로 바꾸면 정반대로 느낀다.

평범과는 거리가 멀고, 그래서 자신과는 아무런 관계없는 단어라고 여긴다. 그런 이유로 많은 직장인과 프리랜서가 부업을 선택한다. 하지만 부업만으로는 수익의 한계에 이르며, 결국 부와 경제적 자유를 이루려면 내 사업을 해야 한다.

여러분도 한번 생각해보라. 회사는 왜 나에게 월급을 줄까? 간단하다. 여러분이 받는 월급 이상으로 회사 매출을 만들기 때문이다. 물론 이렇게 생각할 수도 있다.

'내가 직장에서 하는 일은 쉬운데?'

'내가 일하는 것에 비해 난 월급을 많이 받는데?'

물론 맡은 일이 쉽고 업무 강도가 낮은 낙원 같은 회사나, 일은 안 하고 월급만 받아 가는 월급 루팡이 있을 수 있다. 하지만 회사가 전 직원에게 주는 월급을 모두 더해도, 그 비용은 회사의 매출보다 작다. 그것도 아주 확연히 작다.

결국 회사는 내가 아닌 남을 위해 돈을 벌어다 주는 구조다. 우리가 회사에 돈을 벌어다 주는 대신 회사는 우리에게 안정적인 수익을 줄 뿐, 절대로 필요 이상의 돈을 주지 않는다. 쉽게 말해서 크게 늘지도 않지만, 줄지도 않는 돈을 우리가 일하는 동안 지속해서 준다.

그러나 이 책을 여기까지 읽은 여러분도 이미 알 것이다. 내 인생을 가장 리스크 있게 만드는 것이 월급임을. 사실 월급이 주는 안정성에는 많은 요소가 빠져있다.

일단 절대적으로 금액이 부족하다. 회사에서 받는 월급만으로 평생 행복하게 살 수 있다면, 이 책을 덮어도 좋다. 하지만 앞에서 말한 것처럼, 내가 앞으로 직장에서 벌 수 있는 총액을 한 번이라도 계산해본다면, 그 액수가 생각보다 많지 않다. 오히려 적다는 걸 알 수 있을 것이다. 애초부터 내 기준에 밑도는 금액일 때가 더 많다.

더욱 큰 문제는 그 안정성조차 보장이 안 된다는 것이다. 즉 내가 5년 뒤까지 회사에서 일하고 싶다고, 또는 10년 뒤에도 회사에 남아있고 싶다고 해서 그럴 수 있는 게 아니다. 회사는 얼마든지 나를 해고할 수도 있다. 또는 회사가 부도가 나거나 없어질 수도 있고, 내 건강이 안 좋아질 수도 있다.

직장에 다닌다는 것은 결국 주도권을
내가 아닌 다른 사람에게 주는 것이다.

현재 나의 시간과 기회를 회사에 투자해 안정적인 수익을 얻을 수 있다. 그러나 제대로 따져보면 그다지 안정적이지도 않고, 수익이 크지도 않다. 즉 이런 구조 자체가 나에게 잠재적인 리스크인 것이다. 이런 이유로 나는 같은 돈을 벌어도 직장이 주는 급여가 아닌, 나의 일을 해서 수익을 만들어야 한다고 본다.

그렇다. 결국에는 내 사업을 해야 한다. 부업도 그 과정에 있을 뿐이다. 즉 아직 '내 사업'을 해보지 않았으니 그 전에 사업의 시스템은 그대로 가져오되, 규모를 작게 해서 투잡으로 부업을 하는 것이다.

내가 말하는 프리랜서 광고대행업도 마찬가지다. 광고대행사는 광고대행업 업종코드가 있는 하나의 사업이다. 이런 광고대행을 1인이 할 수 있게 설계해놓은 것이 내가 진행하는 마케팅 교육이다. 그리고 부업을 제대로 했다면, 그래서 수입을 지속적으로 발생시킨다면 월급에서 독립해 나만의 사업을 해야 한다.

내가 나만의 사업을 강조하는 이유는, 실제로 많은 사람이 직장과 부업을 병행하는 투잡에 머무르기 때문이다. 물론 투잡으로 얻는 수익적인 측면에서는 만족할 수 있다. 예를 들어 연봉 5천만 원을 받는 직장인의 한 달 급여 실수령액이 350만 원이다. 부업으로 300만 원을 더 벌면 월 650만 원으로, 수입이 2배가 될 것이다.

회사에서 억대 연봉을 받는 직장인도 한 달 급여 실수령액은 650만 원 정도이니, 실질적으로 연봉 2배의 효과를 얻을 수 있기에 이 정도면 만족할 수 있을 것이다. 하지만 앞에서 말한 것처럼, 회사가 우리에게 주는 안정성은 영원하지 않다.

그러므로 처음에는 회사 업무와 부업을 병행하더라도, 궁극적인 목표는 병행이 아닌, 결국 나만의 사업을 하는 것이어야 한다. 반드시 이것을 염두에 두고 여러 가지 도전을 실행하길 바란다.

결국 나 자신이 중심이 되어야 한다. 나를 위해 일하자.

04.

일단 1만 원이라도 벌어보라

이제 월 1천만 원은 너무 흔한 단어가 되었다(Chapter 2의 마지막 장을 참고하라). 그래서인지 다들 사업을 할 때 월 1천만 원 버는 것을 하나의 계단으로 생각한다. 그리고 월 1억 원을 향해 달려 나간다. 그런데 생각해보라. 갑자기 월 1천만 원이 벌어질까? 나는 일단 단돈 1만 원부터 벌어보라고 말하고 싶다.

여기서 말하는 1만 원은 내 시간과 돈을 바꾼 게 아닌(1시간 일해서 시급 1만 원을 받거나 중고나라 거래가 아닌), 돈 버는 시스템으로 번 1만 원을 의미한다. 즉 100시간 동안 시스템을 만들어서 1만 원이라도 벌라는 뜻이다. 앞으로 정말 열심히 하겠다는 말 따위는 필요 없다.

일단 1만 원을 스스로 만든 시스템에서 지금 벌어라.

돈을 조금이라도 벌어봐야 그 과정에서 돈 버는 시스템을 알게 되고, 만약 오류가 있다면 수정도 가능하다.

그렇다면 과연 어떤 것을 판매해야 할까? 스마트 스토어, 해외 구매대행 같은 유통을 생각할 수 있고, 전자책(PDF)을 만들어서 판매할 수도 있다. 아니면 나처럼 프리랜서 마케터로 시작할 수도 있다. 그런데 지금 말한 것들은 공통점이 있다. 모두 '시간 = 돈'이 아니라, 하나의 돈이 나오는 파이프라인을 만들어야 하는 것들이다.

좀 더 구체적으로 설명하겠다. 요즘 유행하는 전자책을 만든다면 어떻게 판매해야 할까? 크몽이나 탈잉 같은 플랫폼에 올리면 판매가 잘 될까? 아마 아무도 안 살 것이다. 그러면 블로거 몇 명을 체험단으로 뽑아서 전자책의 후기포스팅을 써달라고 할 수 있다. 또는 내 전자책과 관련된 인스타그래머들에게 전자책을 제공하고 피드나 릴스를 올려달라고 할 수도 있다.

이렇게 마케팅적으로도 접근할 수 있지만, 본인을 브랜딩하는 방법도 있다. 내 블로그와 인스타그램, 유튜브 등을 만들어서 본인이나 상품(여기서는 전자책을 팔기 위해)을 브랜딩하는 것이다. 궁극적으로 이런 브랜딩이 있어야 시장가격의 상한선을 넘을 수 있다. 그렇지 않으면 1만 원, 1천

원 등 치열한 가격경쟁에 빠져 수익을 못 낼 수도 있다.

나는 '1만 원', '한 개를 팔자'라는 구체적인 목표가 열정처럼 추상적인 단어보다 나를 더 움직인다.

목표를 달성했다면 다음 스텝을 갈 수 있는 역량을 갖춘 자신을 발견하게 될 것이다.

05.

사업과 투자는 곱셈이다

지금으로부터 2년 전, 한창 유튜브 영상을 촬영하던 시절에 〈30억 돈 모으는 구조〉라는 영상을 찍었다. 당시 상황이 지금과 맞지 않을 수도 있겠지만, 나는 지금도 '저축액, 시간, 복리' 이 세 가지가 맞아야만 자산이 지속해서 늘어난다고 생각한다.

내가 왜 이 말을 할까? 마케팅 사업을 하면 정말 많은 광고주를 만난다(예비 광고주도 많이 만난다). 그런데 사업을 할 때 많은 사업가가 오직 사업에만 올인한다. 내가 아는 광고주 A는 돈이 모이는 족족 사업을 확장하거나 품위유지비로 쓴다. 재테크와 투자에는 큰 관심이 없다.

또 다른 예로, 내가 운영하는 유일한 교육인 '파이널 VIP'에 나이가 지긋하신 주부 B가 온 적이 있다. 오프라인에서 개인적인 이야기를 나눠보니 특별한 직업 없이 부동산 투자를 잘한 덕분에 자산 100억 원이 넘는 분이었다.

그때 여러 가지 생각이 들었다. 광고주 A는 거의 날마다 접대 자리와 계약 건으로 술을 먹고 스트레스를 받으며 사업을 키웠지만, 자산은 많지 않은 상황이다. 반면 주부 B는 투자로 자산 100억 원을 만들었다면(물론 주부 B가 스트레스를 받지 않았다는 것은 결코 아니다), 나는 어느 쪽을 지향해야 할까?

자산은 주부 B가 많았지만, 현금 흐름이 크지 않았다. 하지만 광고주 A는 현금 흐름이 커서 생활은 풍족하지만, 자산은 많지 않다. 내가 내린 결론은 단순했다. 사업과 투자를 병행하면 되는 것이다. 즉 사업을 하면서 현금 흐름을 발생시키고, 투자로 매년 자산을 키운다면 지속적으로 자산이 늘어나는 것이다.

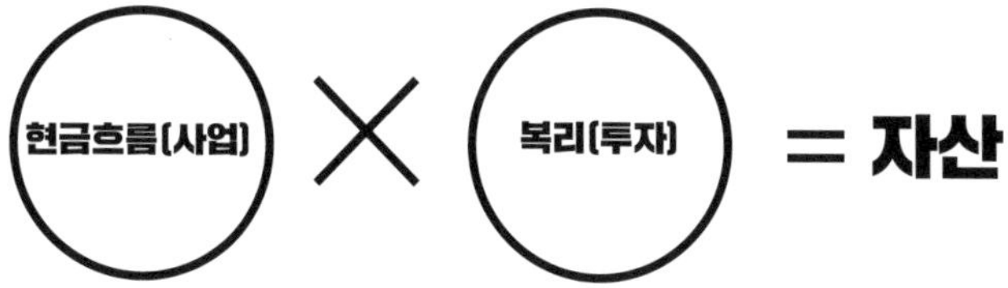

물론 브랜드를 런칭하거나, 프랜차이즈를 만들어서 매

각해 사업만으로 어마어마한 수익을 낼 수도 있다. 하지만 평범한 사람인 나는 아직 그런 수준으로 할 수 없기에 사업과 투자를 병행하며 점차 나아가고 있다.

또 한 가지로, 사업과 투자를 병행해야 하는 이유는 자산을 늘리기 위함도 있지만, 인플레이션을 방어하기 위함도 있다. 내가 싸울 상대 중 하나는 인플레이션이다. 즉 내가 돈을 빠르게 벌어도 번 돈이 인플레이션보다 더 크게 늘지 않으면, 실제로는 가지고 있는 동안 손해를 보고 있는 것이나 마찬가지다.

처음에는 현금흐름을 높이는 것에 집중해야 한다. 먼지는 모아도 먼지라고, 현금흐름 자체가 높지 않으면 파이(Pie)가 빨리 크지 않기 때문이다. 이때 현금흐름이 어느 정도 높아지면, 그때는 투자도 함께해야 한다. 비트코인, 주식, 부동산만을 말하는 것이 아니다. 내 현금흐름과 관련 있는 투자를 하면 더욱 가능성이 높다.

예를 들어 사업이 확장될 경우, 임대료를 내기보다는 내 상가, 건물을 사고 사업을 운영할 수 있다. 혹은 내 사업과 관련된 우량주들은 스터디가 더 깊게 되고, 투자 성공 가능성을 더 높여준다. 반드시 기억하자.

사업과 투자는 덧셈이 아니라 곱셈이다.

돈을 못 벌게 하는 감정을 스스로 인정하라

이번 Chapter 3을 정리하며 여러분에게 꼭 해주고 싶은 말이 있다. 나는 지금까지 사업을 하면서 수많은 사람을 만났고, 그만큼 많은 감정을 느꼈다. 내가 봐온 모두는 돈 벌기를 목표 삼았으나, 현실적으로 누구나 그렇게 하진 못했다. 그런데 돈을 못 번 그들의 공통점은 돈을 못 벌게 하는 감정이 있다는 것이다.

바로 열등감이다. 나 또한 열등감을 느끼므로 이것을 말하기가 싫지만, 열등감은 돈을 못 벌게 하는 감정이 확실하기에 말하고자 한다. 대부분의 사람들은 엄청나게 성공한 사람에게는 칭찬과 지지를 한다. 감히 깎아내리거나 비교할 생각조차 하지 않는다. 엄밀하게 봤을 때 그렇게 성공한 사람은 나와 관계없는 사람인 것이다.

그러나 나와 비슷한 수준에 있던 사람이 나보다 성공했거나, 조금이라도 나아졌을 때 나의 내면에는 열등감이 미친 듯이 생성된다. 스스로 열등감을 인정하고 싶은 사람은 아무도 없다. 문제는 이런 열등감이 내가 돈을 못 벌게 한다는 것이다.

예를 들겠다. 여러분이 이 책을 읽고 블로그 마케팅에 관심이 생겨 1인 프리랜서 마케터를 하거나, 1인 광고대행사를 창업했다. 월 1천만 원씩 벌고 있는데, 친구가 이 사실을 알았다. 일반적으로 대부분 사람에게 블로그 마케팅은 생소하니, 궁금하거나 배우고 싶어야 맞다. 적어도 돈을 벌고 싶다면.

하지만 여러분의 지인이나 친구들의 반응은 대부분 이럴 것이다.

"너 그거 사기 아니야?"

"회사에 다니면서 다른 일 하면 불법이지."

"이제 너 만날 때마다 지갑 안 가져온다."

즉 그 사람의 업적이나 성과를 인정하기는커녕 오히려 부정하고 회피한다. 왜 그럴까? 자기도 모르게 내면에서 엄청난 열등감이 생성되고, 그런 열등감에서 본인을 보호하려는 자기방어가 나오는 것이다.

문제는 이 열등감이라는 감정 자체가 아니다. 정말 문제는 이 열등감이 돈을 못 벌게 해준다는 것이다. 친한 친구나 지인이면 나에게 해당 사업에 대해 친절하게 알려줄 가능성이 크다. 그런데 아이러니하게도 친하면 친할수록, 즉 나와 같은 수준의 사람이 더 높아진 것을 알게 되면 열등감이 발현된다. 그래서 정말 소중한 배울 기회를 잃어버린다.

그럼 어떻게 해야 할까? 가장 좋은 건 인정하는 것이다. 내 마음속에서 꿈틀대는 불편한 감정이 열등감임을 인정하는 것이다. 그다음 스스로 억지로라도 생각을 변화시켜야 한다. '인정할 수 없어.' '진짜 현타 온다'라는 생각에서 '어떻게 하면 나도 저렇게 돈을 벌 수 있지?', '저 사업은 어떻게 하는 것일까?'로 생각을 전환해야 한다. 그래야만 돈을 벌 수 있는 단계로 한 발자국 나아간 것이다.

왜 사람들은 자기와 비슷한 수준에 있는 사람들을 자꾸 만나게 되는 것일까? 그게 가장 마음이 편하기 때문이다. 나와 비슷하면 열등감을 느낄 필요도, 이유도 없다.

흔히들 돈을 번 사람에게 "돈 버니까 변했네"라고 말한다. 물론 그 사람의 성격이 정말 변했을 수도 있지만, 사실은 내 마음속의 불편함이 그 사람의 작은 것 하나하나에 반응했을 수도 있다. 실제로 주변의 사업가들을 보면 돈을 많이 벌면 벌수록 예전의 친구들과 멀어지는 것을 자주 보았다.

반대로 생각해보자. 예전의 친구들은 그 열등감 하나 때문에 자신이 돈을 벌 좋은 기회를, 돈 버는 방법을 배울 수 있는 소중한 사람을 놓친 것이다.

이 책을 읽고 인정하기 싫을 수도 있다. 혹은 주변의 잘난 지인들, 친구들을 인정하기 싫을 수도 있다. 그럴 때 이것 하나만 기억하자.

내가 느낀 열등감은 내게 주어진 기회일 수 있다.

내가 열등감이 들었다는 건, 내 안에서 '이 사람은 현재의 나보다 낫다'라는 하나의 신호를 보여준 것이다. 그러면 어떻게 해야 할까? 열등감을 준 그 사람에게 배워라. 배우면 된다. 다시 한번 강조한다. **스스로 열등감을 인정하라. 그리고 생각을 전환하라. 그다음 부업, 사업을 준비하자.** 이때 Chapter 4의 마케팅이 가장 큰 도움을 줄 것이다.

머니메이커의 결정적 한마디

늦지 않았다

'늦었다'라는 것을 '포기해야 한다'와
같은 의미로 쓰는 사람들이 있다.
'늦었다'라는 말은 없다.
20대에 인생의 모든 돈을 버는 사람도 있지만,
60대에 부자가 되는 사람도 있다.
그 가운데 행복하면 된다.
인생은 속도가 아니다. 방향이다.
세상의 속도를 따라가려 하지 말라.
기준은 나다. 지금부터다.

Chapter 4

돈을 부르는 시크릿 글쓰기

설득하지 못하면 팔 수 없다

지금까지 성공의 멘탈세팅을 하고 프로가 될 준비, 나아가 부업, 사업에 대해 살펴봤다. 그리고 부업, 사업에 있어서 무엇인가 판매한다는 것은 결국 잠재적 소비자가 나의 상품과 서비스를 소비하게 하기 위한 설득의 과정이다.

- **광고대행업을 하며 광고주에게 마케팅 서비스를 판매한다.**
- **광고대행 교육을 하며 소비자에게 교육 서비스를 판매한다.**
- **온라인 쇼핑몰에서 소비자에게 물건을 판매한다.**

모두 내가 하고 있는 사업이다. 그리고 이때 판매에 있어서 설득은 영상과 글로 한다. 예를 들어보자. 현재 나의 광고대행사는 영업사원이 없다. 모든 광고 의뢰는 예비광고주가 직접 홈페이지에 의뢰를 남기고, 우리 회사 내부에서 연락을 한다. 그러면 예비광고주는 어떻게 우리 회사를 알게 되었을까? 크게 3가지 경로를 통해 우리 회사를 알게 되고 문의를 한다.

(1) 머니테이커 유튜브 영상
(2) 머니테이커 블로그 글
(3) 머니테이커 인스타 피드

이때 재밌는 점이 있다. 머니테이커 유튜브의 경우 현재 채널의 편집자가 2명이고, 실제 영상 기획, 촬영, 편집에 많은 시간과 비용을 쓴다. 이에 비해 머니테이커 블로그는 1달에 글 1~2개 정도만 쓰고, 그것도 내가 직접 쓴다. 따라서 돈이 들지 않는다. 하지만 광고 의뢰가 오는 비율은 유튜브가 60%, 블로그가 40%이다(인스타그램은 거의 없다).

글로써 설득하는 것이 영상으로 설득하는 것보다 더 가성비가 좋다. 이유는 간단하다. 글에는 글만이 가질 수 있는 설득력이 있기 때문이다. 그렇기에 많은 광고대행사가 아직도 자체적인 브랜드 블로그를 운영한다. 광고대행사가 아니더라도, 고관여 제품(소비자가 구매 과정에서 많은 시간과 노력을 들이는 제품. 주로 가격이 비싸거나, 본인에게 중요한 제품일 경우에 해당됨)의 경우 블로그를 꼭 운영하는 이유가 있는 것이다.

Chpater 4를 통해 돈을 부르는 시크릿 글쓰기를 배우면 앞으로 어떤 상품과 서비스도 판매할수 있는 방법을 깨닫게 될 것이다.

01.

유튜브가 아닌 블로그부터 시작하라

지금 시대에 유튜브와 블로그를 해야 하는가에 대한 이야기를 길게 할 필요는 없을 것이다. 개인 브랜딩과 수익화의 측면에서 유튜브와 블로그는 꼭 필요하다. 그런데 만약 둘 중 하나만 해야 한다면, 그것도 먼저 시작해야 한다면 무엇을 해야 할까? 나는 유튜브가 아닌 블로그부터 시작하는 것을 추천한다(앞서 말한 것처럼 나는 이미 '글 = 블로그'의 가성비를 경험하고 있다).

물론 여러분은 이렇게 말할 수도 있다.

"블로그? 이미 망했는데, 그걸 왜 하지?"

"지금 누가 블로그를 보나? 다 유튜브 보지."

"유튜브 수익이 블로그보다 100배는 될 텐데…"

정말 모두 맞는 말인지 하나씩 따져보자.

1) 블로그는 정말 망했을까?

한 가지 질문하겠다. 네이버 블로그의 기반이 되는 네이버는 정말 망했을까? 2019년 기준으로 대한민국의 인터넷 사용자 수는 46,353,320명이고, 이용률은 91.8%이다(한국정보화진흥원, 2019). 쉽게 설명하면, 이 책을 읽을 수 있는 지능과 문해력을 지닌 여러분을 포함한 99%의 사람들은 모두 인터넷을 사용한다.

그리고 인터넷 검색률은 네이버가 92.4%, 유튜브가 60%이다(나스미디어, 2019). 즉 네이버로 검색하는 비율이 유튜브 검색보다 30%가량 더 높은 비중을 차지한다. 또한 상품을 구매할 때 그 상품의 정보 검색을 30분 이상 하는 사람은 64%이다(김용승, 2019). 이것이 시사하는 바는 무엇일까? 많은 사람이 상품 구매나 서비스를 이용할 때 30분 이상 검색한다는 것이다(자신은 인지하지 못해도).

그런데 이런 검색에 있어서 네이버가 유튜브보다 더 앞서는 상황이다. 게다가 네이버 블로그는 상품과 서비스 검색의 노출에 최적화되어 있다. 즉 블로그는 네이버가 망하지 않는다면 절대 망할 수 없는 구조이며, 검색의 수요가 살아있는 한 네이버가 망할 일은 없다는 것이다.

2) 모두가 유튜브만 볼까?

현재 대부분의 초등학생들은 유튜브를 본다. 유튜브에 나온 다양한 쇼츠와 영상들이 유행하면서 아이들의 소비 문화를 주도하고 있다. 앞으로 10년 후, 즉 이 초등학생들이 성인이 되는 시기에는 영상 플랫폼, 또는 그 이상의 것들이 더 많이 나올 것이다.

하지만 지금 이 책을 읽는 여러분은 10년 후에 돈을 벌고 싶은가? 앞으로 10년을 준비하면서 디데이(D-day)를 기다릴 것인가? 그건 아니라고 본다. 그러면 현재 구매 여력이 있는 20대, 30대는 어떨까? 시간을 소비할 때는 대부분 유튜브를 보고, 특정 정보를 찾을 때나 어딘가로 이동하여 서비스와 상품을 체험할 때는 네이버 검색을 사용한다.

유튜브로 찾은 맛집이나 핫플레이스, 카페, 식당 등은 물론 하다못해 중고차 판매장에 가려고 할 때면, 먼저 네이버에서 위치를 찾은 후 자연스럽게 후기들을 읽는다. 그러면서 블로그에 나온 정보에 노출된다.

당장 생각해보라. 지금 여러분이 있는 곳의 주위에서 밥을 먹으려면 유튜브를 보는가, 네이버를 보는가. 그리고 네이버에서 어떤 키워드로 검색하는가를. 시장이 견고하게 있는 지금 진입해야 한다.

3) 유튜브 수익이 블로그 수익보다 높은가?

실제로 유튜브로 내는 수익이 블로그로 내는 수익보다 높다. 유튜브는 구독자보다는 조회수가 중요한데 조회수가 잘 터지는 유튜버는 상상을 초월하는 수익을 낸다.

그런데 이 사실이 여러분과 무슨 관계가 있을까? 100만이 넘는 유튜버들의 채널을 한 번이라도 봤다면 알 것이다. 모두가 자신의 카테고리에서 뛰어난 재능이 있으며 노력의 끝판왕이다. 최소 상위 0.01% 안에 들 것이다.

물론 여러분 각자가 이 안에 들 수 있는지 테스트할 수도 있다. 또는 구독자 100만까지는 아닌 10만을 만들어도 충분한 수익일 수 있다. 그러나 10만도 쉽지 않다. 반면 블로그는 유튜브보다 훨씬 쉬우며, 빠르게 시작할 수 있고, 수익의 안정화도 쉽다. 이런 이유로 블로그를 먼저 시작하는 것을 추천한다.

앞에서 말한 세 가지 외에도 유튜브보다 블로그를 먼저 시작해야 할 가장 큰 이유가 있다. 무엇이든 시작할 때 허들(Hurdle, 장애물)이 있는데, 블로그의 허들은 적기 때문이다. 반면 유튜브는 많은 사람이 시작할 때 어려워한다. 영상 편집은 물론 얼굴 노출 어려움, 말주변 없음, 방송 장비 없음 등 다양한 이유가 있다. 설령 시작해도 이런저런 이유로 금방 그만둔다.

그러나 블로그는 유튜브와 다르다. 얼굴을 노출할 필요도 없고, 말을 잘할 필요도 없다. 편집 역시 필요 없다. 마치 낙서장에 낙서하는 것처럼 글로 시작한다. 그래서 블로그 시작은 넘어야 할 허들이 극히 낮다. 이런 사실이 매우 중요하다.

여러분은 지금 당장 시작해서 바로 돈을 벌고 싶을 것이다. 그러기 위해서는 시작부터 안정화까지 빠른 블로그부터 시작하는 것이 좋다. 그리고 블로그에서 작은 성과만 난다면 유튜브는 하지 말라고 해도 스스로 시작한다.

이미 알고 있겠지만, 대형 유튜버들도 '유튜브 채널 + 인스타그램 + 네이버 블로그' 이렇게 세 개는 기본적으로 하고 있다. 어차피 거쳐야 하는 과정이고, 이 중 하나를 먼저 시작하라면 블로그부터 시작하라는 것이다('블로그 글쓰기'는 뒷장에서 자세히 알려주겠다).

그러니 일단 지금 바로 시작하라.

02.

블로그로 돈 버는 방법 Best 2

처음에 블로그는 개인이 자신의 일상을 올리는 다른 사람들과 소통의 공간으로 시작되었으나, 지금은 다양한 분야의 업종을 홍보하는 대표적인 마케팅 도구로 활용되고 있다. 나 또한 광고대행사를 운영하면서 한 달에도 수백 명이 넘는 블로거에게 일을 주고 있다.

물론 블로거 외에도 블로그 관련으로 할 수 있는 일은 원고작가나 사진작가, 블로그 관리 등 부업거리도 많이 있다. 하지만 이런 일들은 시스템화가 되지 않고(즉 매번 내 시간을 써야 하고), 수입의 천장이 있어서(시장가가 정해진 단순 업무) 여기서는 설명하지 않겠다.

이번 장에서는 블로그라는 플랫폼을 활용해 돈을 버는 방법을 두 가지로 정리해 알려주겠다.

1) 리뷰형 블로거

대부분 블로그로 돈을 번다고 하면 리뷰형 블로거를 생각한다. 즉 내 블로그를 어느 정도 키워서 체험단(해당 상품이나 서비스 체험 후 포스팅함), 기자단(해당 상품이나 서비스의 사진, 가이드, 원고 등을 받아 포스팅 후 비용 받음)을 통해서 돈을 버는 것이다. 이런 리뷰형 블로거의 삶은 어느 정도 윤택하다.

체험단으로 많은 제품을 받아서 생활도 풍성해지고, 기자단으로 돈을 벌어서 생활비에 보탤 수도 있다. 하지만 블로그 관리를 제대로 못 하거나 소홀해져서 블로그가 망가지면, 다시 블로그를 만들거나 리뷰형 블로거 자체를 포기하는 순간이 올 수 있다.

나는 5년 동안 수많은 블로거를 만났으며, 최소 5천 명 이상 블로거의 블로그를 살펴봤다. 그중에 지금까지 리뷰형 블로거로 활동하는 사람은 50명도 안 된다. 즉 99%는 5년이라는 시간을 이기지 못하고 자의든 타의든 리뷰형 블로거를 그만두었다. 그렇기에 리뷰형 블로거는 부업의 개념으로 추천하고, 만약 본업으로 하겠다면 블로그 마케팅을 더 추천한다.

2) 프리랜서 마케터

이미 사업을 하는 사람들에게는 익숙하겠지만, 마케터나 블로그 마케팅이란 단어는 블로그에 익숙하지 않은 사람들에게는 낯선 단어다. 블로그 마케팅에 대해 정말 간단히 말하면, 리뷰형 블로거가 하는 체험단이나 기자단을 운영하는 것에 추가적으로 키워드 상위 노출, 브랜드 블로그 등 블로그로 하는 마케팅을 운영(집행)하는 것을 블로그 마케팅이라 생각하면 이해하기 쉽다.

그리고 이런 블로그 마케팅을 운영하는 사람을 마케터라고 생각하자(실제로 마케터는 훨씬 폭넓은 개념이다). 즉 마케터가 체험단이나 기자단 등을 모집하거나, 브랜드 블로그를 운영하며 광고주의 영업장을 홍보하는 것이다. 이때 만약 광고주의 사업이 아닌, 내 사업에 마케팅을 활용하면 내 사업의 매출을 올리는 것이고, 광고주의 사업장에 활용하면 광고주의 매출을 올리면서, 광고비도 받아 수익을 내는 것이다.

블로그로 돈을 버는 방법은 리뷰형 블로거와 프리랜서 마케터가 되는 것이 있으며, 나는 프리랜서 마케터가 되는 것을 적극 추천한다. 지금 바로 다음 장을 읽어보자.

03.

글쓰기로 돈을 벌 수 있는 이유

글쓰기로 돈을 번다고 하면 대부분 책 출간을 생각한다. 하지만 글을 쓴다는 건 그것보다 포괄적이며, 오히려 더 쉽다. 먼저 글을 쓰는 목적이 무엇인지부터 생각해보자. 왜 글을 쓸까? 글쓰기 자체를 즐기는 게 아니라면, 글을 쓰는 목적은 100% 돈을 벌기 위해서다.

그러면 글을 써서 어떻게 돈을 벌 수 있을까? 글 자체로 돈을 버는 게 아닌, 글로 나(혹은 나의 상품과 서비스)를 브랜딩해서 돈을 벌 수 있다. 즉 글쓰기는 누군가를 이해시키고 설득하는 방법인데, 나만의 브랜딩으로 누군가에게 이해와 설득을 구하면, 그 사람은 내 사고와 영향력 안에 들어온다.

그러면 그 사람은 내 상품이나 서비스, 또는 내가 소개하고 추천하는 상품이나 서비스에 관심을 둔다. 즉 내 브랜딩이 견고해질수록 돈을 벌게 되는 것이다.

글을 쓰는 목적과 방법을 알았다면 글을 쓰는 플랫폼이 필요하다. 나는 블로그를 추천한다. 이유는 간단하다. 네이버 검색에서 블로그는 키워드로 검색되기 때문이다. 검색은 소비자의 니즈가 담긴 것이기에 검색한 사람들은 내 상품과 서비스가 기본적으로 필요하다. 인스타그램은 사진, 유튜브는 영상 기반이지만, 블로그는 글 기반이다. 앞서 말한 것처럼 글만이 주는 설득력이 있기에 처음 시작은 블로그에서 시작하는 것을 추천한다.

이 책을 읽는 여러분 중에서 지금까지 '블로그로 어떻게 돈을 벌어', '블로그가 얼마나 영향력이 있겠어'라고 생각하는 사람들이 있다면 한번 생각해보자. 현재 변호사, 세무사, 노무사, 의사 등 전문직의 많은 사람은 자신의 이름이나 사업체의 블로그를 갖고 있다.

그리고 이들은 1) **광고대행사를 통해 블로그 글을 쓰거나, 2) 자신이 직접 블로그에 글을 쓴다.** 왜 그럴까? 다음 장에서 자세히 설명하겠지만('고객을 유혹하는 글쓰기'를 참고하라), 결국 블로그에서 **[검색 → 후킹 → 정보 전달 → 결제 이동]**의 4단계 과정을 발생시키면서 지속적인 상담, 의뢰, 구매를 만들어 내기 때문이다.

그래서 특히 전문직 종사자들이 한 달에 몇십부터 몇백만 원을 내고 광고대행사에 블로그 관리를 맡기거나, 바쁘고 힘든 가운데서도 자신이 마케팅과 블로그를 배워서 글을 쓰는 것이다.

그렇다면 우리가 해야 할 것은 무엇일까? 다음 두 가지만 하면 된다.

(1) 내가 판매할 상품이나 서비스가 있다. → 나를(또는 내 회사를) 브랜딩하는 블로그를 만들어서 운영한다.

(2) 내가 판매할 상품이나 서비스가 없다. → 블로그에 글을 쓸 수 있는 능력을 길러서 프리랜서 마케터가 된다. 그리고 다른 업종(앞서 말한 세무, 노무, 병원 등의 전문직이나 기타 브랜드 블로그가 필요한 업종)의 블로그를 관리하며 돈을 번다.

먼저 (1)은 자신의 부업이나 사업을 운영하는 것이고, (2)는 광고대행사를 운영하는 것이다. 실제로 우리 회사는 (1), (2) 두 가지를 다 하고 있다. 광고대행사로써 내 광고주의 블로그를 관리해 주는 동시에 우리 회사의 블로그를 운영하며 광고 의뢰를 받고, 마케팅 교육을 진행하고 있다.

이 책을 읽는 여러분 중에 이런 생각을 하는 사람도 있을 것이다. '나는 광고대행사는커녕, 도저히 나만의 상품과 서비스를 만들 수 없는데…' 이럴 때는 1인 지식창업만 검색해도 수많은 지식창업이 나온다. 전자책과 코칭이 대표적이다. 그리고 이런 전자책과 코칭도 마찬가지로 블로그 글로 판매가 된다.

우리 마케팅 교육을 받은 제자님 중에 전자책 한 권으로만 월 3백만 원 이상 벌던 제자님과 코칭으로 매월 지속적인 수입을 내는 제자님이 있었다. 정말 어렵지 않다. 전자책은 한글 문서나 워드로 작성한 것을 PDF 파일로 변환해서 판매하고(전자책 만드는 법은 마지막에 넣어 놓았다), 코칭은 사람을 직접 대면하는 게 부담스럽다면 전화나 이메일, 카톡 등 비대면으로 하면 된다. 개인 브랜딩 후 글쓰기를 통해 나의 지식을 전자책, 코칭으로 판매할 수 있다.

지식창업은 무엇인가를 새로 배워서 창업하는 것이 아니다. 내가 가진 것 중에 가치가 있는 것을 잘 정제해서 만드는 것이다. 그리고 이 모든 것의 마케팅 플랫폼으로 블로그가 있다. 이제 돈을 벌어보자.

04.

고객을 유혹하는 글쓰기 방법

앞장에서 말했듯이 글쓰기로 돈 버는 과정은 **[검색 → 후킹 → 정보 전달 → 결제 이동]**의 4단계를 거친다. 이 중 한 단계라도 제대로 작동하지 않으면 고객은 유입될 수 없으며, 유혹되지도 않는다. 만약 지금 글쓰기를 하는데 돈이 안 된다면, 분명 4단계에 문제가 있는 것이다.

4단계에서 각각 주의할 점을 알려주겠다.

1) 검색

블로그 글은 어떤 방식으로 소비자에게 보이는 것일까? 블로그는 유튜브처럼 알고리즘이 추천하는 방식이 아닌, 거의 100% 잠재적인 소비자가 직접 찾아오는 방식이다. 여기서 '직접 찾아온다'라는 건 소비자가 자신의 니즈에 맞는 키워드로 검색한다는 뜻이다.

예를 들어 '문정동 맛집'을 검색하는 사람은 문정동에서 식사하려는 것이고, '잠실 회식 장소'를 검색하는 사람은 회사 주변인 잠실에 있는 회식 장소를 찾는 것이다. 이렇듯 글쓰기로 돈을 벌기 위해서는 소비자의 검색 키워드에 자신의 블로그 글이 노출되어야 한다.

또한 블로그 글이 노출되기 위해서는 키워드를 정확히 파악하고 있어야 한다. 예를 들며 설명하겠다. 내가 세무사거나, 세무사의 블로그를 관리해 주는 광고대행사이다(프리랜서 마케터도 포함된다). 이런 상황에서 첫 번째로 〈양도소득세 면제 조건 살펴보기〉라는 제목의 글을 쓰고, '양도소득세'를 키워드로 잡으면 어떻게 될까?

'양도소득세'는 현재 시점 검색량 49,100개, 문서수 571,631개의 대형 키워드다. 이런 키워드를 좋다고 생각해서 글을 썼거나, 별생각 없이 이런 키워드로 글을 썼다면, 내 글은 아무리 스크롤을 내려도 보이지 않는 안드로메다로 간다.

결국 내 글은 누구도 볼 수 없는 죽은 글이기에, 내 글에서 후킹, 정보 전달, 결제가 발생할 확률은 0%다. 그러므로 블로그가 어느 정도 해당 카테고리에서 최적화가 되기 전까지는 지속해서 세부 키워드를 써야 한다. 즉 '양도소득세'가 아닌 '양도소득세신고비용', '양도소득세신고서류'와 같은 세부 키워드로 글을 써야 한다.

그러면서 세부 키워드이지만, 동시에 내 블로그에서 판매하려는 상품이나 서비스와 관계있는 키워드를 지속하여 글을 쓰면서 노출을 확인해야 한다. 만약 노출이 잘되면 그다음엔 좀 더 큰 키워드로 글을 쓰면 된다.

쉽게 설명하자면, 어린 아기는 밥을 먹을 수 없으니 입자가 작은 분유를 먹이고, 어느 정도 아이가 자라면 이유식을 먹고, 좀 더 크면 밥을 먹는 것과 같다. 이처럼 키워드도 아주 작은 세부 키워드부터 시작해야 한다. 이런 방식으로 검색을 잡으면 첫 번째 단추는 잘 채우고 들어가는 것이다.

2) 후킹

블로그를 보면 어떤 글은 굉장히 무미건조한데, 어떤 글은 도입부터 읽고 싶은 마음이 든다. 보통 검색해서 블로그 글을 클릭하면, 해당 글을 계속 읽을지 3초 안에 결정된다고 한다. 이때 글을 계속 읽게 만드는 힘이 후킹이다.

후킹은 대조, 권위, 후기 세 가지로 생각할 수 있다.

(1) 대조

내가 내 블로그에, 내 상품의 장점을 가득 썼다면 과연 상대방은 설득이 될까? 내가, 내 입으로, 나를 칭찬하는 건 하수 중의 하수다. 과연 어떻게 하는 게 좋을까? 바로 나와 반대편에 있는 상품이나 서비스의 단점(약점)을 말하는 것이다. 그러면 자연스럽게 내 장점은 말하시 않아도 빛이 난다.

예를 들어서 내가 일대일 코칭 프로그램을 판매한다고 가정하자. 대부분 사람은 온라인 교육이 정말 실효성이 있는지, 일대일로 해도 적용될지 모르는 내용을 온라인으로 해결할 수 있는지 의문을 가질 수 있다.

이때 내가 판매하는 상품을 말하지 않고(내 입으로 말하지 않고), 내 반대편 포지션의 단점(온라인 교육의 단점)을 말한다면 내 상품의 장점(오프라인 교육의 장점)이 저절로 드러난다.

(2) 권위

여기서 말하는 권위는 상대방에게 내 글이 정답이라고 느낄 수밖에 없는 분위기를 만드는 것을 뜻한다.

예를 들어보겠다.

'국세청 15년 경력의 세무사가 봤을 때'

‘현재 30여 년간 노무를 한 경험으로 봤을 때’

‘지금까지 100여 명의 학생을 상담한 경험에서’

윗글을 읽었을 때 어떤 느낌이 드는가? 이런 글들은 자기 경험과 위치를 보여주면서 권위를 만든다. 즉 전문가와 경력자가 하는 말이니 믿고 들어보라는 것이다. 전문직 종사자나 코칭, 인테리어, 디자인과 같이 판매 상품이 지식, 서비스라면 권위로 후킹 하는 게 효과적이다.

꼭 글로 시작하지 않아도 좋다. 만약 유튜브 방송을 한다면 유튜브 영상을 언급해도 좋고, 언론에 소개되었다면 기사로 시작해도 좋다. 또는 특허나 자격증이 있다면 이것을 거론해도 좋다. 이 모든 것이 나의 위치를 보여주고, 경력을 말해주는 것이다.

(3) 후기

사실상 가장 강력한 후킹은 후기이다. 누구나 검증된 상품이나 서비스를 사고 싶다. 그렇기에 네이버 검색을 해서 어떤 상품을 살 때 가장 먼저 후기를 꼼꼼히 읽는다. 별점도 보고, 안에 적힌 한 줄 평가도 확인한다. 글의 처음부터 별다른 내용이 없어도, 지금까지의 좋은 후기들을 캡처해서 보여주는 것만으로 글을 계속 읽게 만드는 후킹을 할 수 있다. 모두가 만족한 상품이나 서비스의 후기를 통해서 '나도 사지 않으면 손해'라는 생각이 자연스럽게 든다.

그런데 어떤 사람은 이런 후기가 있어도 '나는 아직 후기가 많지 않다'라고 생각한다. 후기를 너무 거창하게 생각하지 말자. 내가 누군가를 상담해 줬는데 카톡으로 상담이 너무 좋았다는 문구 한 줄이나, 선물 받은 커피 기프티콘, 몇 글자의 문자도 후기가 된다. 이런 것들은 모아놓아야 한다.

때로는 후기성 멘트가 나오게 질문하는 것도 좋다. 예를 들어 이번 상담이 어땠는지, 이번에 받은 상품에 만족했는지 등을 카카오톡 등을 통해 문서로 남게 물어보는 것이다. 이때 만족한 사람들은 좋은 말을 써줄 가능성이 크다. 이런 것 역시 리스트를 만들어 놓는다. 이런 후기를 글의 앞, 중간, 뒤에 써주면 내 상품에 대한 신뢰도를 높이고 구매 전환율도 높일 수 있다.

처음에는 후킹에 대해 어색하게 느낀다. 나 스스로 과대 칭찬하는 것 같고, 부끄러울 수 있다. 마치 클럽에 처음 가본 사람이 모두가 보는 스테이지에서 춤추는 느낌일 것이다. 하지만 전환율을 높이기 위해 후킹은 필수적이다. 그리고 무엇이든 해봐야 더 잘한다. 가장 중요한 건 한 줄이라도 내가 사람들을 끌어당기려고 하는 글을 써보는 것이다.

3) 정보 전달

간혹 후킹만으로 범벅된 글을 보는데, 정작 상품에 대한 정보는 약하고 실컷 후킹만 한 글은 소비자를 끌어당기는 힘이 떨어진다. 소비자는 결코 바보가 아니다. 처음에는 후킹에 이끌렸다가도 몇 개의 글을 읽었을 때 유용한 정보가 없으면 나가버린다.

후킹으로 범벅된 글은 솜사탕과 같다. 단맛에 끌려 계속 먹어도 배가 차는 느낌이 없다. 글을 쓸 때 후킹과는 별개로, 내 상품과 서비스에 대한 정확한 정보를 전달해야 한다.

또한 내가 판매하는 상품과 서비스의 업종에 따라 글을 쓰는 방식도 다르다. 처음에는 마치 설명서처럼 이상하게 쓸 수도 있다. 이때 가장 좋은 방식은 모방이다. 먼저 내가 판매하는 상품과 서비스를 검색해서 다른 사람이 쓴 글을 살펴보면 참고가 될 것이다.

모방은 부끄러운 게 아니다. 모방은 내 것을 만들기 위한 필수적인 과정이다. 누구나 0은 있다.

4) 결제 이동

검색으로 들어온 사람들이 후킹과 정보 전달을 통해서 상품과 서비스에 관심이 생겼다면, 마지막으로 결제를 하도록 해야 한다. 그러면 블로그에서 어떻게 결제를 할 수 있을까? 블로그 글에서 결제할 수 있는 랜딩 페이지로 이동시켜야 한다.

보통 홈페이지가 있는 경우, 블로그 글 아래나 블로그의 첫 페이지에 홈페이지 링크를 걸어 홈페이지에서 결제하게 한다. 또는 글마다 네이버 폼이나 구글 폼 등을 넣어서 개인정보를 입력하고 계좌 입금을 할 수 있게끔 한다.

또 다른 방법으로 카카오톡 오픈 채팅이나 카카오 채널, 네이버 톡톡 등을 통해 C.S와 결제가 함께 이루어지게 할 수도 있다.

이 4가지 **[검색 → 후킹 → 정보 전달 → 결제 이동]**의 단계를 잘 살펴보고, 지금 내 상품과 서비스를 판매하는 글을 실제로 써보자(현재 내 상품과 서비스가 없다면, 누군가의 상품과 서비스를 광고해준다고 생각해도 좋다).

05.

글쓰기로 돈이 안 벌린다면 이것을 따라가라

지금까지 말한 [**검색 → 후킹 → 정보 전달 → 결제 이동**]을 통해 블로그 글쓰기가 어떻게 돈이 되는지 알았을 것이다. 그런데 만약 여러분이 블로그에 열심히 글을 쓰고 있고, 자주 올리는데도 돈이 안 벌린다면 어떻게 해야 할까?

지금부터 다음의 경로를 하나씩 따라가 보자.

1) 검색 확인

먼저 검색 자체가 제대로 되는지를 확인하라. 내가 쓴 글들이 얼마나 검색되는지는 네이버 통계에 가서 유입분석에 들어가면 확인할 수 있다. 만약 검색 유입이 80%가 나오지 않는다면, 내 블로그는 아직 사람들이 검색으로 들어오지 않는다는 것이다.

이럴 때는 좀 더 검색으로 사람들이 들어오도록 키워드를 잡아야 한다. 만약 검색량을 충분히 잡았는데도(해당 글로 사람들이 꾸준히 들어오는데도) 결제가 일어나지 않는다면, 구매 전환율이 낮다는 것이다. 즉 100명이 들어오는데 구매는 한 명만 하면 구매 전환율은 1%다. 이를 3%, 5% 점점 늘려가야 한다. 좀 더 글을 매력적으로 쓸 수 있어야 한다. 이를 위해 필요한 게 후킹과 정보다.

2) 후킹과 정보 전달 확인

구매 전환율을 늘리기 위해서는 후킹과 정보 전달을 확인해야 한다. 중요한 것은 후킹과 정보 전달을 느낌으로 파악하는 것이 아닌, 데이터에 기반해야 하는 것이다. 기본적으로 글이 중요하다고 느껴지면 글을 오래 읽는데, 이런 것이 블로그 통계의 평균 사용 시간에 남는다.

즉 내 블로그에 들어오는 사람들이 몇 초 만에 그냥 나가는지, 아니면 들어와서 오래 유입하는지를 확인할 필요가 있다. 평균 사용 시간이 너무 적다면, 두 가지 문제점을 찾을 수 있다. 글의 글자 수가 너무 적거나, 사람들이 들어와서 금방 나갈 정도로 매력 없는 글을 쓴다는 것이다. 여기서 글이 매력 없다는 건 후킹이 별로이거나, 내용이 뻔하거나 아예 없기 때문이다.

3) 결제 이동 확인

이제 검색을 잡았고, 후킹과 정보 전달도 잘되고, 지속시간도 충분히 나오는데도 구매가 안 된다면, 결제 이동을 확인해야 한다. 결제까지 이동하는 것이 불친절하게 되어 있거나, 여러 번의 경로를 거치는지 체크해야 한다.

아예 바로 네이버 톡톡이나 카카오 채널을 넣어놔서 바로 C.S와 동시에 결제를 할 수도 있다. 중요한 건 '그냥 다 넣으면 되겠지'가 아니다. 구매 전환이 잘 나오도록 지속해서 바꿔주고 확인하는 것이다.

누구나 처음부터 매끄럽게 돈이 벌릴 수는 없다. 조금씩 다듬어 나가면서 나만의 블로그, 나만의 플랫폼을 만들어 나가는 것이다.

06.

트래픽을 집요하게 파고들어야 하는 이유

앞서 말한 것처럼 나는 무엇이든 집요하게 파는 경향이 있다. 매사에 꼼꼼하며 디테일한 정성을 들인다. 이런 내 모습을 싫어하는 사람도 있겠지만, 광고주들은 대부분 좋아한다. 그만큼 광고주에게 도움 되는 것이니.

하나씩 차근차근 설명하겠다. 먼저 블로그에서 트래픽(Traffic, 검색량)을 볼 수 있는 곳은 통계이다. 통계에는 유입분석, 사용자 분석, 동영상 분석, 순위, 블로그 평균 데이터 등 꼭 봐야 하는 지표들이 많다. 이중 조회수와 유입분석은 꼭 확인해야 한다.

조회수는 주간, 월간으로 확인하며 전반적인 블로그의 성장세를 알 수 있으며, 유입분석은 현재 내 블로그가 건강하게 성장하는지(양적 성장과 질적 성장이 함께 일어나는지) 확인할 수 있다. 또한 유입분석에서 꼭 봐야 하는 것은 검색 유입인데, 기본적으로 80%를 넘겨야 한다.

아무리 하루 방문자 수가 많아도 검색 유입으로 들어오는 사람들이 떨어지면, 그냥 얼떨결에 들어온 사람들이 많다는 것이다. 예를 들어 학원에서 설명회를 열 때 학부모가 초대되어야 한다. 그래야만 설명회에 참석한 학부모들이 강의를 결제하기 때문이다.

그런데 만약 학원 설명회에 학부모는 30% 정도가 왔을 뿐, 40%는 자녀가 없는 청년층이, 30%는 그냥 간식을 먹으려고 온 노숙자가 왔다면 어떠할까? 설명회에 온 사람들 수는 같지만, 구매력에 엄청난 차이가 날 것이다. 그렇기에 유입분석에서 '검색 유입'이 어느 정도인지, 그리고 네이버에서의 유입은 어느 정도인지를 지속해서 확인해야 한다.

트래픽은 단순한 숫자가 아니라, 내 블로그에 들어온 사람들을 의미한다. 따라서 내 블로그에 들어온 사람들에게 어떤 니즈가 있는지 무조건 알아야 한다. 이는 자영업에 비추어 생각하면 이해하기 쉽다. 만약 내가 쌀국수 가게를 한다면 가게에 온 사람들이 정통 베트남식을 원하는지, 태국식을 원하는지, 한국식을 원하는지, 쌀국수와 같이 먹을 음식으로 어떤 것을 원하는지 지속해서 확인해야 하는 것이다.

이런 작은 트래픽은 한 달에 한 번씩이라도 반드시 확인할 필요가 있다. **[통계 → 유입분석]**에서 기간을 한 달로 설정하고 유입 경로를 보면, 네이버 통합검색(PC, 모바일)의 경우 상세 유입 경로를 보여준다.

즉 어떤 키워드로 유입이 되었는지 보여주는 것이다. 여기서 아래 '더 보기'를 누르면, 네이버 통합검색에서 내 블로그로 유입되는 모든 키워드를 보여준다. 이런 키워드를 한 번씩 확인해야 한다.

키워드를 봤을 때 '어? 이건 내가 쓴 키워드가 아닌데?' 싶은 키워드가 보일 것이다. 이런 키워드는 내가 쓴 키워드와 본문의 내용이 합쳐진 경우가 많다. 예를 들어서 내가 '직장인 재테크'에 관한 글을 쓴다고 가정하자. 제목은 〈30대 직장인이 주식 재테크로 월급보다 더 버는 방법〉이고, 여기서 키워드는 '직장인 재테크'나 '주식 재테크'로 생각했다.

그런데 상세 유입 경로를 보니 '직장인 1,000만 원 재테크', '직장인 3,000만 원' 재테크로 들어왔다. 본문에 '1,000만 원', '3,000만 원'이란 단어가 있었기에 제목과

본문이 합쳐지고 같이 잡혀서 유입된 것이다.

이런 경우에는 상세 유입 경로를 보고 들어온 사람들의 니즈를 파악해서 '직장인 1,000만 원 재테크', '직장인 3,000만 원 재테크'에 관한 글을 쓸 수 있다. 또 반응 여부에 따라 전자책이나 코칭 등 다양한 상품을 파생시킬 수도 있다(여기에 내가 실제로 1,000만 원, 3,000만 원 등 안정적으로 수입을 발생시킨 경험을 넣으면 더욱 좋다).

트래픽은 계속 늘려야 하고 구매 전환도 마찬가지로 늘려야 한다. 이것의 토대가 되는 것이 지금 들어오는 트래픽을 집요하게 분석하고, 사람들이 원하는 것을 찾는 것이다. 그다음 그것에 적합한 상품과 서비스를 준비해야 한다.

실제로 많은 펜션들이 블로그를 운영하는데, 사람들이 '불멍', '튜브' 등을 검색해서 들어온 것을 보곤 이것을 준비한다. 이전에는 제공하지 않았던 서비스였으나 사람들의 니즈를 파악하고 준비했으며, 조금만 신경 쓰면 할 수 있는(즉 돈이 거의 들지 않는) 서비스이다.

이처럼 트래픽을 확인하며 이를 준비하는 사업체와 그냥 넘기는 사업체는 분명히 매출의 차이가 엄청날 것이다.

트래픽을 집요하게 파고들어라. 돈이 보일 것이다.

지식이 돈이 되는 원리 : 전자책 만드는 법

글로 돈을 버는 방법은 다양하다. 그중 하나가 전자책(PDF)이다. 앞 장에서 말한 것처럼 요즘 전자책을 만들어 판매하는 사람들이 많이 있다. 사실 전자책을 만들어 본 적 없는 사람이 전자책에 관한 이야기를 하는 건 의미가 없을 것이다. 그렇다면 전자책은 어떻게 만들 수 있을까?

카메라 앱으로 QR 코드를 스캔하세요

나는 전자책을 만들어 판매한 경험이 있고, 현재 유료 전자책도 판매하고 있으며(홍보는 일절 안 해도 매일 판매가 일어나고 있다), 현재 무료로 공유하고 있는 전자책의 다운로드 수도 1만 건이 넘는다. 전자책의 구성이 어떻게 되는지 궁금한 사람들은 앞의 QR 코드를 통해서 참고하라(물론 무료다).

전자책을 만들 때 가장 중요한 것은 소재이다. 즉 어떤 소재를 콘텐츠로 생산해야 하는지가 핵심이다. 이 콘텐츠는 자신이 잘하는 주제로 시작하는 게 가장 좋다. 어쩌면 잘하는 것이란 말에 막막할 수 있다. 그런데 대부분 잘하는 것을 떠올리라고 했을 때 '난 잘하는 게 없는데'라고 느낀다.

흔히 '잘한다'를 말하면 1등, 2등, 3등만 생각한다. 여러분에게 말하고 싶은 건 잘하는 것의 개념이 매우 포괄적이라는 것이다. 세계 1등, 국내 1등, 심지어 동네 1등을 하라는 게 아니다. 누구나 범위를 좁히면 좁힐수록 남들에게 판매할 수 있는 것이 있다. 우리가 브랜딩을 하는 목적은 결국 남들의 문제를 해결하거나 가치를 주는 상품과 서비스를 판매하기 위한 것임을 잊지 말라.

내가 여기서 말하는 '잘한다'라는 건, 상위 1%가 아닌 10%, 아니 20%여도 좋다. 현대 사회에는 하나만 뛰어나게 잘하는 사람도 필요하지만, 남들보다 조금 더 아는 여러 가지를 접목하는 융복합(Convergence) 지식도 필요하다

한 가지 실질적인 팁을 주자면, 바로 '내가 잘하는 것'을 생각하기 어려울 수 있으니 그럴 때는 '내가 익숙한 것(경험한 것)'을 떠올려도 된다. 익숙하다는 건 그만큼 많이 경험한 것이다. 그 경험에서 '내가 잘하는 것'을 뽑아내기 쉬울 것이다. 설령 잘하지 않더라도 그 경험 자체를 전하는 것도 충분히 가치가 있는 서비스가 될 수 있다.

또한 '내가 변화된 점'을 써도 좋다. 이 변화라는 것 자체가 브랜딩에서 굉장히 매력적인 요소이다. 내가 변화되었다는 건 예를 들어 '찌질하고 소극적인 성격에서 다양한 활동을 통해 적극적인 성격으로 변화했다', '멸치 같은 몸에서 운동을 통해 건강한 몸으로 변화했다' 등이 있다.

즉 과거 부정적이고 부족한 점에서, 현재 긍정적인 모습, 더 나아진 모습으로 변화된 것이 핵심이다. 그러면 내 약점이 공개되니 안 좋은 것이 아니냐는 물음도 있다. 괜찮다. 지금은 아니기 때문이다. 오히려 이런 변화를 브랜딩에 넣을 경우, 판매 타겟의 감정적인 요소, 즉 '나도 저렇게 될 수 있다'라는 기대감이나, 내 롤 모델로서의 동경 등이 포함되어 서비스 가치는 더욱 올라간다.

한가지 유념할 것은 내가 잘하는 것, 내가 변화된 점, 내가 경험한 것을 혼자 생각하면 찾기 어려울 수 있다. 누구나 가장 객관적이지 못한 순간이 있는데, 바로 자기 자신을 대할 때이다. 남들에게 후한 사람이 자기 자신에게는 박하거나, 남들은 정확히 보는 사람이 정작 자신을 잘못되게 보거나 모호하게 판단하기도 한다. 내가 잘하는 것, 변화된 점을 잘 모르겠다면, 나와 가장 가까운 사람에게 물어보는 게 좋을 때도 있다.

그다음 이제 스스로 잘하는 것, 변화한 점, 경험한 것을 정리하면 좋다. 정리라고 해서 거창하게 생각할 필요는 없다. 가장 좋은 방법은 쓰는 것(Writing)이다. 머릿속에서 정리하는 것보다 직접 쓰는 것이 더 많은 것이 나올 뿐만 아니라, 더 구체화할 수 있다.

내가 정리한 것을 예시로 보여주겠다.

잘하는 것	변화된 점	경험한 것
말하기 블로그 마케팅 기법 블로그 키우기 일 체계화하기 책을 빠르게 읽음 계산을 정확히 함 글쓰기 자료수집	소극적인 성격에서 외향적인 성격으로 변한 것 처음 만난 사람에게 긴장하지 않는 것 누구와도 금방 친해지는 것	인플루언서를 많이 만난 것 블로그 회사를 운영한 것

이렇게 정리한 것을 조합해서 전자책의 소재를 만들어 보겠다.

첫 번째 상품으로, 〈쉽게 볼 수 없는 성공한 사람들의 비하인드 스토리〉를 만들 수 있다. 그동안 수많은 인플루언서를 만난 경험과 체계화를 잘하는 '잘하는 것'을 살려서, 인플루언서들의 못다 한 이야기를 메시지로 전한다면 큰 가치를 부여할 수 있다.

두 번째 상품으로, 〈소극적인 찌질이에서 누구와도 편하게 말할 수 있는 현실적인 방법〉을 만들 수 있다. 학창시절 소극적인 성격에서 처음 만난 사람과도 긴장하지 않는 것(변화된 점)과 금방 친해지는 것을 적용했다. 이것은 전자책이 아닌 '일대일 코칭'도 가능하다. 처음에 무료로 시작해서 차츰차츰 후기를 쌓으며 세밀하게 방향을 잡을 수 있다.

세 번째 상품은, 〈블로그 마케팅 기법〉으로 전자책을 만들 수 있다. 글쓰기(잘하는 것)와 블로그 회사를 운영한 것(경험한 것)을 합친 것이다. 실제로 내가 만든 무료 전자책은 이 세 번째 상품으로 만들었다.

앞에서 보여준 것처럼 전자책을 만들 수 있는 소재는

끝도 없다. 생각해보자. 지금 내가 말한 것들이 각 분야에서 1등이라 가능한 것일까? 결코 아니다. 내가 잘하는 것, 경험한 것, 변화한 점에서 뽑아내 융합시켰다. 그러면 저 내용들이(예시한 세 가지 상품) 가치 없을까? 대상에 따라 충분한 가치가 있다.

나에게 〈수능 수학 9등급을 3등급으로 만들어주는 강의〉는 필요하지 않다. 그러나 대학 입시생 특히 수포자들에게는 간절한 강의가 될 것이다.

이렇듯 전자책의 가치는 그 대상의 상황에 따라 전혀 다르게 만들어진다.

성공한 사람의 생생한 경험을 원하는 사람, 정말 소극적이어서 남들과 편하게 말하고 싶은 사람, 처음 본 사람에게 긴장하고 싶지 않은 사람, 블로그 마케팅에 관심 있는 사람 등처럼 여러분에게는 수많은 타깃이 있다. 이 타깃층에 여러분이 배움과 변화를 준다면, 이것으로도 정말 큰 가치를 지닌 서비스가 될 수 있는 것이다.

Chapter 5

마케팅으로 지금 당장 돈 벌기

지금의 나를 만들어 준 건 마케팅이다

앞에서도 말한 것처럼 나 역시 직장인이었다. 직장생활을 하면서 경제적 자유를 꿈꿨지만, 직장인이 가진 한계를 느꼈다. 그때부터 사업을 꿈꿨는데, 처음엔 무엇을 시작해서 어떻게 목표에 도달해야 할지 막막하기만 했다. 직장을 다니면서 투잡으로 블로그를 시작했고, 꾸준히 역량을 키워나갔다.

퇴사 후 본격적으로 블로그 마케팅 사업을 시작했는데, 이것이 바로 지금의 나, '머니테이커'가 된 시작점이다. 지금 나는 광고대행사를 운영하며 마케팅을 하고 있고, 교육 사업을 통해서 다른 사람들에게 마케팅 기법을 가르치고 있으며, 온라인 스토어를 운영하고 있다. 그리고 이렇게 체득한 것들을 고스란히 담은 마케팅 책을 출간했다.

이 모든 것의 근간은 역시 마케팅이다. 나라는 사람을 논할 때 마케팅을 빼놓고는 아무 이야기를 할 수 없다. 지금으로부터 5년 전, 마케팅을 처음 접했던 나는 마케팅의 매력에 제대로 빠졌다. 이 책을 쓰면서 마케팅에 대해 다시 한번 생각해보았다.

내가 생각한 마케팅의 매력은 다음의 3가지이다.

1) 누구나 시작할 수 있다

마케팅은 전문적인 자격증이 없어도 가능하다. 프리랜서 마케터로 시작할 수 있다. 어떻게 그럴 수 있을까? 간단하다. '수요와 공급'을 생각해 보면 쉽게 답이 나온다. 평소에 여러분이 무심코 지나가는 수많은 오프라인의 매장들(옷가게, 음식점, 유아용품점, 노래방, 고시원, 키즈카페 등)은 모두 마케팅이 필요하다.

그러면 이런 곳에서 필요한 마케터는 모두 자격증을 가졌을까? 물론 자격증을 하나의 브랜딩으로 내놓을 수도 있겠지만, 이런 작은 매장들을 마케팅할 때 정말 필요한 것은 정도에 맞게 하는 것, 그리고 '성실함'이다. 그렇기에 시작할 수 있는 문턱이 낮다. 나는 '누구나 시작할 수 있다'라는 것을 마케팅의 매력이라고 본다.

2) 어떤 사업에도 도움 된다

내가 마케팅을 하면서 알게 된 마케팅의 큰 매력 중 하나는 '내 사업에도 도움 된다'라는 점이다. 주변의 유명한 마케팅 대행사들을 보면 대부분 자기 사업을 하고 있다. 즉 대행사이면서도 교육 사업을 하거나, 개인 브랜드를 만들거나, 오프라인 매장들을 운영한다.

이렇게 하는 이유는 간단하다. 내가 마케팅을 하면서 광고주를 도우면서 돈을 버는 것도 좋지만, 가장 좋은 것은 '내 사업'에 직접 적용하며 돈을 버는 것이기 때문이다. 그렇기에 나도 마케팅을 접목해 교육 사업과 온라인 쇼핑몰을 성공적으로 운영하고 있다.

즉 내가 마케팅을 할 줄 알면, 그 마케팅으로 다양한 업종에서 매출에 유의미한 상승을 이끌었다면, 자신이 하는 어떤 사업에도 든든한 나만의 백을 가진 것이나 다름없다

3) 다양한 업종의 사람과 교류가 가능하다

마케팅만이 가진 또 다른 매력은 바로 사람과의 교류이

다. 이것이 왜 매력일까? 앞으로 여러분도 돈을 벌고자 사업을 하고 싶다면(부업부터 가능한 사업이든, 곧바로 사업을 시작하든), 먼저 해당 사업을 시작하기 전에 깊이 조사해야 한다.

예를 들어 오프라인 매장이라면 '어느 정도 평수에, 얼마 정도 임대료를 내는 상권에, 또 인테리어비용은 얼마인지' 조사할 것이 매우 많다. 그리고 이런 것을 제대로 알려면 해당 사업을 하는 사람에게 직접 물어보는 것이 가장 정확하다.

마케터는 수많은 광고주의 마케팅을 담당하는데, 마케팅의 특성상 해당 업종에 대해서 알아야 하기에 자연스럽게 해당 업종에 대한 스터디가 된다. 이것은 수많은 사업을 간접 경험하는 것과 같다. 따라서 내가 앞으로 할 사업에 대해 단순히 상상하는 것이 아닌, 여러 가지 사업을 간접 경험하면서 그 사업 중 하나를 선택할 수 있다.

또한 다양한 사업에서 아이디어를 얻을 수 있을 뿐만 아니라, 해당 업종의 사업에 대한 여러 가지 정보를 얻을 수 있다. 게다가 해당 업종의 대표들과 끊임없이 교류하며 함께 사업 구상을 할 수도 있고, 해당 사업의 전체적인 흐름을 파악하며 소위 돈 주고도 배우지 못하는 지식이 쌓이는 것을 직접 몸으로 체험할 수 있다.

지금의 나도 현직 마케터로서, 앞에서 말한 마케팅의 세 가지 매력을 여전히 느끼고 있다. 앞으로 내가 할 모든 사업에도 마케팅은 빠질 수 없다. 그래서 난 마케팅을 계속할 것이다.

마케팅은 정답을 알고 있다.

지금 Chapter 5에서는 지금의 나를 만들어 준 마케팅에 대해 함께 알아볼 것이다. Chapter 4까지 글쓰기를 마스터했다면, 더 큰 돈을 벌기 위해 그다음 단계인 마케팅에 대해 알아야 한다. 그리고 마케팅을 활용해 부업, 사업으로 무엇을 하든 반드시 팔아야 한다. 이번 Chapter 5에 집중해보자.

01.

프리랜서가 마케팅으로 월 2백만 원 이상 번 비결

내가 유튜브 〈머니테이커〉 채널을 시작한 지 어느덧 3년이 되었다. 꾸준히 영상을 올리지는 못했지만, 그래도 3년간 잘 유지하고 있다. 3년 전, 내가 올린 첫 번째 영상의 제목은 〈부업으로 월 150만 원 이상 벌게 된 이야기〉였다(지금은 도저히 보기 부끄러운 영상이라 비공개 처리했다).

내 시작은 아주 간단했다. 처음 블로그 마케팅을 접하고 시장 분석을 했는데, 당시(2017~2018년)에도 블로그 마케팅 대행사는 무척 많았다. 흔히들 말하는 레드오션(Red Ocean)이었다. 각양각색의 대행사가 광고 현장에서 치열하게 경쟁했다. 하지만 뚫을 수 있는 길이 있었는데, 바로 마케팅을 '제대로, 성실하게' 해주는 것이었다. 그게 다냐고 할 수 있지만, 사실 그게 다였다. 또한 광고주들이 가장 원하는 것이기도 했다.

큰 광고대행사의 경우 업무의 효율화를 위해 영업과 실무업무가 나뉠 수밖에 없다. 예를 들어 해당 매장(오프라인 식당, 카페, 장난감 가게 등)에 영업을 담당하는 영업사원이 방문해서 계약하면, 블로그 마케팅 실무는 내부의 담당자들이 하는 시스템이다

그래서 실제 마케팅 비용은 영업사원의 인센티브와 사무실, 홈페이지 등 각종 운영비를 제하면 실제로는 매우 적었다. 게다가 영업하는 사람과 실무를 하는 사람이 다른 것도 문제였다. 실무자는 해당 매장에서 음식을 먹는 등 체험해야 하는데, 체험은커녕 해당 매장을 가본 적도 없는 사람이 마케팅하는 꼴이었다.

한마디로 적은 마케팅 비용에 추가적으로 실무자들이 담당한 업종(매장)의 브랜딩이나 특색에 대한 이해도가 낮을 수밖에 없는 상황이었다. 심지어 계약은 영업사원이 하고, 관리는 실무자가 해야 하는 상태에서 막상 계약하니 실무자와 제대로 연락이 되지 않거나, 관리가 생각만큼 안 되는 느낌이 들어서 불만을 토로하는 광고주들이 많았다.

나는 이런 상황에서 프리랜서 마케터(나와 같은)가 매장을 방문해 영업하고(1인 대표로), 매장에 대한 높은 이해도로 마케팅을 하고(마케터로), 내가 실무를 총괄하니 연락에도 아무런 문제가 없다면, 광고주의 만족도는 높을 수밖에 없다고 판단했다.

즉 앞에서 설명한 블로그 마케팅 대행사라는 큰 규모의 시스템을 나 혼자 할 수 있는 규모로 작게 만든 것이다. 결과는 대성공이었다. 처음 한 곳은 집주변에서 성공했고, 이를 토대로 대여섯 곳의 마케팅을 진행할 수 있었다.

아무래도 한 명이 영업, 광고 진행, 연락을 다 하니 마케팅을 하는 업체에 대한 이해는 물론 광고의 효율도 좋을 수밖에 없었다. 광고주와의 소통도 언제든 연락이 닿아 답을 주니 신뢰성도 높아졌다.

이 글을 읽고 이렇게 생각할 수도 있다.

'영업? 그건 영업사원이 하는 일 아냐? 어떻게 하지? 영업하느라 따로 시간 내기도 어려울 텐데…'

'연락? 대표들이 맨날 전화하는 거 아냐? 난 회사에선 전화 못 받는데… 그리고 내 사생활이 없어지는 거 아냐?'

내가 장담하는데 절대 그렇지 않다. 영업이라고 거창하게 생각할 필요 없다. 나는 내 집 반경(100m 내)을 왔다 갔다 하거나, 퇴근하면서 가기 시작했다. 따로 영업을 위한 시간을 쓴 적은 극히 드물었다.

대표에게 오는 연락도 사실상 한 달에 2~3번으로, 사실상 없는 것이나 다름없었다. 대표는 그 몇 번 안 되는 연락을 안 받는 게 싫었던 것일 뿐, 몇 가지 사항을 물어보고 그것만 해결되면 딱히 연락할 일도 없다.

결국 대부분의 걱정은 늘 그렇듯

자신의 상상 속에만 있는 것이다.

그렇게 난 부업으로 월 150~200만 원을 벌었고, 때로는 그 이상도 벌 수 있었다. 그리고 이것을 영상으로 만들어 유튜브에 올리면서 유튜버를 시작했다. 지금은 부업이 아닌 본격적인 사업으로 마케팅을 하며, 교육 사업과 투자까지 영역을 확대하고 있다. 규모가 크지 않아도 되는 시장이 있다. 오히려 규모가 작아야 성공하는 시장도 있다. 처음에는 덩치를 키우기보다, 작은 틈새에서 시장을 만들자.

02.

초보자도 할 수 있는 마케팅 상품 2가지

나는 교육 사업으로 나만의 마케팅 기법을 많은 사람에게 가르친다. 특히 1인 프리랜서로서 광고대행사를 운영하는 방법을 정말 많은 사람에게 교육했는데, 그들에게 가장 많이 받는 질문이 있다.

"저는 이제 사업을 시작합니다. 제가 스스로 할 수 있는 마케팅은 무엇이 있을까요?" (초보 사업자)

"저는 직장인이라 부업으로 광고대행사를 운영하려 합니다. 제가 할 수 있는 마케팅 상품은 무엇이 있을까요?" (직장인)

초보 사업자, 그리고 직장인도 할 수 있는 마케팅 상품이자, 성실하다면 누구나 할 수 있는 상품으로는 **1) 홍보단**과 **2) 브랜드 블로그**가 있다.

1) 홍보단

처음에 가게를 오픈하고 가장 먼저 하는 것이 무엇일까? 대부분 플레이스를 등록하고 리뷰부터 쌓는다. 인간은 누구나 실패하는 것을 싫어한다. 그러기에 어떤 곳을 가기 전, 그곳의 리뷰를 본다. 그리고 네이버에서 이런 리뷰의 역할을 하는 것이 블로그 리뷰다.

이런 블로그 리뷰를 위한 홍보단은 크게 체험단과 기자단으로 나뉜다. 체험단의 경우는 블로거가 해당 매장에 가서 직접 상품을 체험한다(음식점, 카페, 미용실과 같이 체험할 수 있는 곳이나, 스마트 스토어 상품처럼 배송을 받는 곳들이 체험단을 많이 한다).

기자단의 경우 블로거가 직접 체험하지 않고 사진과 가이드(또는 원고)를 받아서 포스팅을 진행한다. 기자단의 경우 체험을 꺼리거나(고시원, 쉐어하우스 숙박), 혹은 체험으로 주기에는 고가거나(카메라, 컴퓨터, 자전거), 혹은 교통이 어려운 경우(산 위에 있는 음식점 같은)에 사용된다.

이런 체험단, 기자단에 필요한 블로거를 모집하고, 이 중 적합한 블로거를 선정해서 포스팅을 작성하게 하는 것이 마케터의 역할이다.

2) 브랜드 블로그

사업에 있어서 자사의 블로그가 필요한 경우가 있다. 예를 들어 학원, 인테리어, 전문직의 경우 해당 사업에서 지속적으로 포스팅을 발행하는 블로그가 필요하다(이해가 안 되면 당장 지역의 병원, 변호사, 세무사, 인테리어, 학원의 블로그를 검색해보면 이해가 될 것이다). 이런 블로그를 브랜드 블로그(또는 브랜딩 블로그)라고 한다. 이런 블로그의 경우 한 달에 적게는 10개의 포스팅에서 많게는 20~25개의 포스팅을 발행한다. 이런 업체의 블로그에 브랜딩을 해주고 포스팅을 하는 것이 마케터의 역할이다.

이외에도 초보자, 프리랜서 마케터가 할 수 있는 마케팅 상품은 매우 많다. 플레이스 등록부터 관리, 인스타그램 마케팅도 가능하다. 하지만 처음에 가장 기본적이면서 꼭 필요한 마케팅으로 홍보단과 브랜드 블로그를 추천하고 싶다. 이런 광고대행으로 부업, 사업을 하면서 수입을 내고 싶다면, 아래 핏마케팅의 무료 교육을 이용하자(현재 2만 명 이상이 들었고, 모두 100% 무료이다).

카메라 앱으로 QR 코드를
스캔하세요

03.

실패하지 않는 세일즈 마인드

앞의 설명을 통해 체험단, 기자단, 브랜드 블로그와 같은 마케팅 상품을 이해했을 것이다(더 자세한 설명이 필요하다면 앞에서 말한 무료 교육을 추천한다). 그리고 사업자 같은 경우 이런 마케팅 상품을 바로 자신의 사업에 적용할 수 있다. 하지만 만약 직장인이나, 혹은 사업자가 광고대행사를 시작하고자 하는 경우면 어떨까? 그때는 광고를 적용할 광고주가 필요할 것이다. 그리고 그때 무조건 해야 하는 것이 광고주 세일즈다.

이 책을 읽은 여러분 중에 나의 제안을 받아들여 블로그 마케팅이나 마케팅 대행을 하게 된다면, 마찬가지로 세일즈가 가장 부담될 것이다. 사실 나도 그렇다. 애초에 나는 세일즈와 아무 관계가 없는 사람이었다.

하지만 마케팅 대행을 하려면 반드시 광고주가 있어야 한다. 그러므로 온라인이든 오프라인이든 광고주를 만나야만 하고, 그 광고주가 나에게 광고를 맡겨야 한다. 결과적으로 우리는 광고주에게 세일즈를해야 한다.

이번 챕터에서는 광고주 세일즈에 대해서 말해보겠다. 광고주 세일즈에서 가장 중요한 것은, 즉 가장 먼저 세팅해야 하는 것은 자신의 '세일즈 마인드(Sales Mind)'다. 세일즈 마인드가 없다면 쉽게 지치고 만다. 99%까지 다 만들고, 1%를 채우지 못해 포기할 수 있기 때문이다.

쉽게 설명하겠다. 우리가 어떤 물건을 사는 과정을 생각해보면, 5만 원짜리 상품은 지나가다가도 편하게 살 수 있다. 그런데 1백만 원짜리 노트북이라면 어떠한가? 지나가다가 생각나서 쉽게 노트북을 살 수 있을까? 대부분 인터넷에서 수많은 노트북을 검색하며 정보를 찾아볼 것이다. 그러면서 최저가, 가성비, 브랜드, 성능, 디자인 등을 비교하며 자기만의 기준을 만들 것이다.

그렇게 자기 기준에 따라 고른 A 쇼핑몰에서 가장 적합한 노트북을 구매한다. 이것이 일상적인 구매의 흐름이다. A 쇼핑몰은 선택받았고, A 외의 쇼핑몰은 선택받지 못했다. 즉 거절당했다. A 쇼핑몰에 하루 1백 명이 왔는데

1명이 상품을 샀다면, 구매 전환율은 1%이다.

반대로 99%는 구매하지 않는다. 즉 구매를 거절당한다. 만약 여러분이 A 쇼핑몰의 대표라면 거절당했다고 해서 부끄러워할까? 망신이라 생각하며 쇼핑몰을 닫아버릴까? 전혀 아닐 것이다. 구매 전환율을 좀 더 높이기 위해 노력할 것이다. 상품 상세페이지에 쓸 구매 유도 카피를 고민할 것이고, 디자인부터 제품의 품질까지 모든 것을 다시 검토할 것이다.

내가 이런 비유를 하는 이유는 광고주 세일즈도 이와 똑같아서다. 당신이 하는 사업의 구매 전환율이 5%라고 하자. 이것은 당신이 20번 제안했을 때 19번은 거절당한다는 뜻이다. 그런데 사실 거절은 한 번만 당해도 견디기가 매우 힘들다. 오프라인 세일즈의 경우, 고객이 당신의 면전에서 거절하기 때문이다.

이 세상에 구매 전환율 100%짜리 상품은 없다. 10%만 구매 전환이 돼도 대단한 상품이고 잘한 세일즈다. 그런데 일반적으로 광고주에게 10번 세일즈해서 1번 계약으로 연결된다고 하면 그 9번의 거절을 매우 힘들어한다.

모든 사업은 자신의 상품이나 서비스가 판매되어야 지

속할 수 있다. 그렇기에 반드시 세일즈가 필요하다. 특히 나 마케팅 대행은 손에 잡히는 상품이 아니기 때문에 오프라인 세일즈가 필요하며, 그만큼 중요하다. 어렵게만 느껴지는 오프라인 세일즈에서, 나는 단 한 가지 마인드만 장착하고 광고주에게 가라고 말하고 싶다.

거절은 나를 거절하는 것이 아니라는 것이다.

실제로 해당 광고주는 절대 나를 거절하는 것이 아니다. 왜냐하면 우리 둘은 이제 막 처음 만난 사이여서다. 이게 소개팅이나 미팅 같은 만남이고, 이때 상대방이 나를 거절했다면, 그것은 나를 거절한 게 맞다. 나라는 사람과의 만남을 거절한 것이다.

그러나 광고주가 거절했다는 건, 나를 거절한 것이 아니다. 광고주가 거절한 것은 현재 나의 마케팅 상품이다. 많은 경우 이런 거절이 마케팅 상품이 아닌 자신이라고 생각한다. 그러니 점점 위축될 수밖에 없다.

그러므로 계속해서 이렇게 리마인드해야 한다.

'이건 나를 거절한 것이 아니고, 내 마케팅 상품이 거절당한 것이다. 거절당한 이유는 저 사람이 현재 마케팅할 필요가 없거나, 마케팅할 돈이 없거나, 좀 더 알아보는 중이기 때문이다. 저 사람도 나와 일한다면, 제대로 마케팅했을 때 효과를 봤을 것이다. 만약 나의 세일즈 스킬이 부족했다면, 세일즈를 더 잘하면 해결될 일이다. 어떻게 하면 더 잘할 수 있을까?'

지금의 핏마케팅은 오프라인 세일즈를 하지 않는다. 영업사원도 없다. 그러나 분명한 사실은 회사 초반의 오프라인, 온라인 세일즈가 빠르게 광고주를 모아주었고, 회사를 급격히 키워줬다는 것이다.

광고주 세일즈에 가장 필요한 것은 어떤 기교도, 기술도, 멘트도 아닌 거절에 대한 마인드 세팅(Mind Setting)이다. 다시 한번 말한다.

거절은 여러분이 거절당한 것이 아니다.

04.

절대로 구걸하지 말라

앞에서 세일즈에 필요한 마인드 세팅을 이야기했다. 이번 장에는 세일즈할 때 절대로 하면 안 되는 것을 말하겠다. 안 되는 것만 하지 않아도 중간 이상은 갈 수 있기 때문이다. 바로 결론부터 말하겠다. 제목 그대로, 절대로 구걸하지 말라.

세일즈의 기본 원칙은 호혜성(서로 혜택을 누리는 것)이다. 즉 광고주와의 만남에서 '내 상품을 계약하라'라고 말하는 게 아닌, 현재 광고주가 하는 사업의 마케팅적인 문제점을 알려주고, 이를 개선하게 하는 것이다(마케팅적 문제점 지적과 해결 방안은 따로 뒤에서 자세히 설명하겠다).

상대방에게 꼭 필요한 정보를 주는 것이 세일즈의 기본이다.

처음에 세일즈를 하게 되면, 빨리 성과를 이루고 싶은 마음에 서두른다. 게다가 몇 번 계약이 될 것 같다가 안 되고, 끝내 거절까지 당하면 더 조급해진다. 그러면 어떻게 될까? 어떻게든 계약시키고 싶은 마음에 구걸하게 된다. 즉 계약하고 싶은 마음에 비굴하게 매달리고, 가격도 인하 조정하는 등 광고주가 원하는 대로 마음껏 휘둘리게 된다.

그러나 세일즈는 광고주에게 무엇인가를 해주는 입장이지, 광고주에게 무엇을 받는 입장이 아니다. 그런데 광고주에게 구걸하는 순간, 이미 나와 광고주와의 관계는 돌이킬 수 없게 된다. '세일즈 구걸'이 나오는 가장 큰 이유는 바로 '잘못된 계산' 때문이다.

예를 들어, 내가 광고주 한 명과 계약을 했는데 특별한 마케팅 퍼포먼스가 아닌 성실성이 바탕 되는 체험단이나 기자단을 조건으로 계약했다. 그런데 월 수익은 30만 원이다. 하지만 내가 1인 프리랜서 마케터로서 원하는 월 수익은 1천만 원이다.

그러면 이렇게 생각할 것이다(다음 그래프를 참조하라).

'아니, 이렇게 일해서 언제 33명을 모으지?'

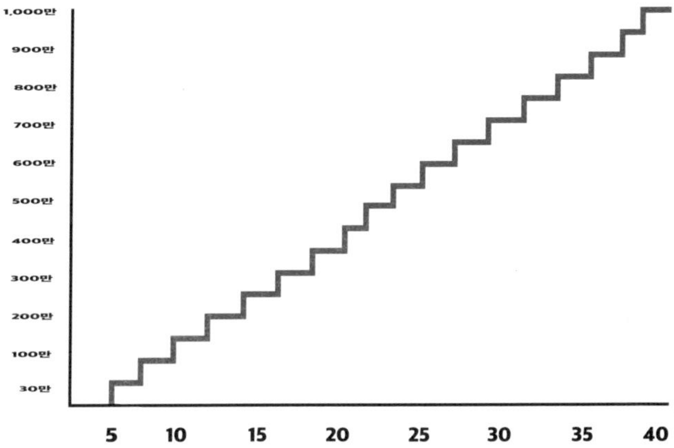

이런 생각에 눈앞이 깜깜해진다. 그러나 현실은 그래프와 다르다. 돈도 더 빠르게 벌리고, 광고주도 더 빠르게 모인다.

세일즈에는 키맨(Key-man)이란 용어가 있다. 계약의 핵심적인 역할을 하는 사람을 키맨이라고 하는데, 광고주 중에도 키맨이 있다. 이런 키맨은 광고주로서 내 마케팅을 경험했을 때 꼼꼼하고, 성실하며, 좋은 결과를 내는 등 만족했다면, 자신의 동종업계 사업가나 친분 있는 다른 사업가에게 나를 추천한다.

왜냐하면, 사업가들의 99%는 마케팅이 필요해 마케터 중에 믿을만한(친분이 있으며 일 능력을 갖춘) 사람을 필요로 하기 때문이다. 이렇게 연결된 사업가는 내가 처음 찾아가서 세일즈하는 광고주보다 계약률이 훨씬 높다. 즉 광고주가 더 빠르게 모인다. 더불어 돈도 더 빠르게 벌린다.

지금 이 책을 읽고 프리랜서 마케터를 처음 알게 된 사람들도 있을 것이다. 프리랜서 마케터를 처음 시작하는 사람들은 성실성이 기반 되는 체험단이나 기자단부터 시작한다. 하지만 평생 체험단과 기자단만 하는 건 아니다.

마케팅을 하며 지속해서 마케팅으로 퍼포먼스를 내는 방법들을 배우고, 브랜드 블로그나 상위 노출, 플레이스, 키워드 광고 등 좀 더 마케터로서의 역량이 들어가는 상품을 다루게 된다. 그러면서 자신의 수입도 이제 한 건에 월 30만 원이 아닌, 50만 원, 100만 원, 그리고 그 이상으로 점점 커진다.

키 맨의 세일즈와 마케터의 역량이 올라가면 다음과 같은 그래프가 된다.

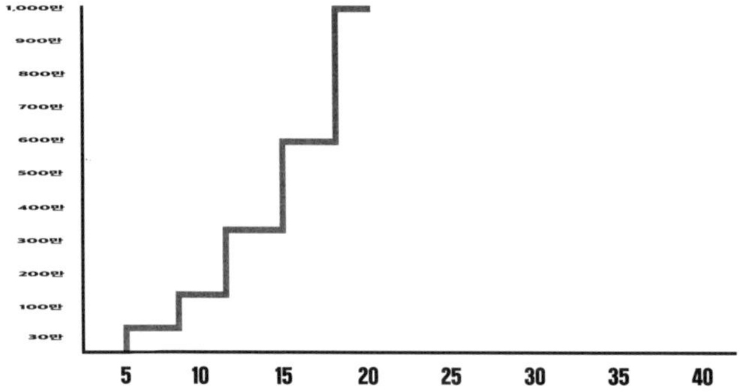

앞장에서도 말한 것처럼 결국 세일즈 마인드가 중요하다. 그래프에서 높은 기울기로 가기까지 처음이 가장 힘들다. 이 고비를 잘 넘기면 분명 빠르게 성장하는 시기가 온다. 그리고 어느 정도 기간이 지나면 광고주 세일즈를 하지 않는다. 하지만 초반에 세일즈를 하는 시간이 있기에 이 부분에 대해서 말해주고 싶었다.

알아서 커지는 커다란 눈덩이를 굴리기 위해서

처음에는 작은 눈덩이부터 맨손으로 만들어야 한다.

05.

오프라인 세일즈, 이곳은 꼭 가라

마케팅 대행에는 광고주가 있어야 하며, 필연적으로 광고주 세일즈를 해야만 한다. 이번 장에서는 오프라인 세일즈에 관해 좀 더 설명하겠다. 물론 이 책을 읽는 여러분 중에서 온라인 세일즈가 가능한 사람들도 있을 것이다.

어느 정도 운영한 자기 사업체가 있거나, 개인 브랜딩이 된 인플루언서라면, 마케팅 관련 브랜딩을 정비하고, 자신의 SNS(인스타그램이나 블로그 등)를 활용하거나, 홈페이지를 통해서 바로 온라인 세일즈를 시작해도 된다.

그러나 이 책을 읽는 대부분 사람은 평범한 사람들이다. 평범한 사람들이 처음부터 온라인 세일즈를 하기란 쉽지 않다. 자신을 브랜딩할 재료가 없어서다. 마케팅 경력도 없고, 그렇다고 자신의 사업에서의 성과도 없으니 사실상 쓸 말이 없다.

이럴 때 온라인 세일즈에 필요한 재료를 쌓는 것이 바로 오프라인 세일즈다.

그렇다면 아무 오프라인 매장이나 무작정 찾아가서 세일즈해야 할까? 앞에서도 말했지만, 이런 돌방 영업은 추천하지 않는다. 그런 매장들이 현재 마케팅이 필요한 상황인지 알 수 없어서다. 즉 광고주의 니즈를 알지 못한다. 따라서 마케팅의 니즈가 있는 곳, 또는 대표들 스스로는 몰라도 현재 마케팅을 제대로 해야 하는 곳들을 찾아가야 한다.

반드시 가야 하는 곳으로 크게 세 곳을 꼽을 수 있다.

1) 신규 오픈한 매장

이왕이면 신규 오픈 매장이 집이나 사무실 근처에 있으면 더욱 좋다. 나는 전화 통화가 아닌 직접 방문하는 것을 권한다. 대부분 전화로 시도하는데, 사실 네이버에 신규 오픈한 곳으로 뜨는 매장은 이미 마케팅 관련 전화를 엄청나게 받는다. 여기에 우리가 낄 필요는 없다. 틈틈이 보이는 신규 업체에 가면 된다.

신규 업체는 매장 앞에 축하 화환이나 화분이 있는 경

우가 많아서 확인하기가 어렵지 않다. 또는 매장의 외부나 내부에 인테리어 공사를 하는 곳은 곧 신규 오픈 매장이 들어올 테니 눈여겨보면 좋다.

또한 이런 곳은 아르바이트 직원을 구하려고 전화번호를 남겨놓기도 한다. 그러면 그 번호로 전화하거나, 일단 사진을 찍어놓고 신규 오픈했을 때 찾아가도 좋다.

2) 마케팅을 안 하는 매장

마케팅을 안 하는 매장을 찾는 것은 간단하다. 매장에 가기 전에 상호를 검색하면, 몇 건이나 블로그 포스팅을 했는지가 나온다. 만약 블로그 포스팅이 없으면 블로그 마케팅 광고를 안 하는 것이니 그냥 들어가면 된다.

블로그 마케팅이 아예 없는 곳도 있지만, 10건 이하로 자잘하게 있는 곳은 실제 고객들이 남겼거나, 마케팅을 조금 하다가 말았거나, 또는 오픈하고 주위에서 써 준 것이 많으니 10건 이하도 마케팅을 안 하는 매장이라고 생각하고 방문하면 된다.

3) 마케팅을 이상하게 하는 매장

마케팅을 이상하게 하는 매장은 꼭 방문해야 한다. 참

고로 이런 곳은 내가 맡았을 때 마케팅 효과가 가장 좋았다. 마케팅을 이상하게 하는 매장을 찾는 것은 간단하다. 먼저 마케팅을 안 하는 매장과 마찬가지로 상호를 검색한다. 블로그 포스팅이 꽤 나온다면 마케팅을 잘하고 있는지를 빠르게 체크한다. 이때 가장 눈여겨봐야 할 것은 키워드다

실제로 블로그 키워드를 이상하게 잡는 곳들이 생각보다 많다. 예를 들어 그 지역의 대표 키워드인 '강남 맛집', '잠실 맛집' 등을 써서 아예 노출이 안 되는 포스팅만 하는 곳들도 있다. 또는 너무 작은 키워드, '신당동 해신탕', '남동구 회식' 등 검색량이 10건도 안 되는 키워드를 쓴 곳들도 있다.

이런 곳들은 광고 효율을 전혀 못 내는 곳이기에 반드시 방문해야 한다. 주의할 것은 당장 계약하러 가는 게 아니라 호혜성, 즉 '도움을 주러 간다'라는 마음가짐을 잊지 말라.

큰 키워드('강남 맛집' 등)로만 포스팅한 곳은 현재 포스팅이 하나도 노출이 안 되는 것을 검색해서 눈에 보여줄 수 있다. 반대로 작은 키워드('신당동 해신탕' 등)로만 포스팅한 곳은 해당 키워드의 검색량이 어느 정도인지 네이버 검색

광고를 통해서 보여주면 된다.

즉 한 달에 10명도 안 보는 키워드를 아무리 노출해도, 실제로 보는 사람이 없기에 아무 효과가 없다는 사실을 직접 보여주는 것이다. 그리고 마지막으로 해당 매장에서 체험단이나 기자단을 통해 노출하기에 적합한 키워드들을 제안하면 더욱 좋다(이런 키워드는 뒤에서 자세히 설명하겠다).

마케팅을 이상하게 하는 매장의 광고주는 지금 당장 계약을 안 해도, 제대로 된 정보를 알려주면서 도와준 사람이기에 마케팅이 필요할 때나 지금 진행하는 다른 마케팅 대행사의 서비스가 부족하다고 느낄 때 반드시 우리를 기억할 것이다.

내가 말한 꼭 가야 할 세 가지 유형의 매장은 모두 마케팅이 필요한 곳들이다. 중요한 것은 아무 곳이나 가지 않는다는 것이다. 가장 효율이 날 곳을 찾아서 그런 매장에 집중하라. 같은 오프라인 세일즈라도 돌방 영업과는 차원이 다르게 행동해야 한다.

06.

온라인 세일즈, 계속 광고 의뢰받는 방법

마케팅에 대해 어느 정도 경험과 재료가 쌓였다면, 이제 온라인 세일즈가 필요하다. 그런데 온라인 세일즈라 말하면 90%의 사람들이 홈페이지를 생각한다. 즉 그럴듯한 카피라이팅과 후킹 멘트를 활용해서 홈페이지를 만들고, 그런 홈페이지로 사람들을 유입시킨다는 것이다.

그러면 여러분에게 한 가지 물어보고 싶다. 그 홈페이지로 사람을 어떻게 유입시킬 것인가? 만약 파워링크와 같이 클릭할 때마다 광고비가 드는 CPC(Cost Per Click) 광고를 쓴다면 큰 문제점이 있다. 바로 계속 돈이 들어간다는 것이다.

CPC 광고를 중단하는 순간, 내 홈페이지는 아무도 들어오지 않는(검색해도 발견할 수 없는) 랜딩 페이지로 전락한다.

그러므로 온라인 세일즈에서 가장 기본이 되는 것은 브랜딩과 콘텐츠 생산이다. 이 두 가지는 선택이 아닌 필수다.

참고로 핏마케팅은 오로지 온라인 세일즈와 기존 광고주들의 소개로만 마케팅을 진행해 회사가 운영되며, 계속해서 성장하고 있다.

나는 머니테이커라는 브랜드를 키우고, 얼굴 없는 마케터라는 점을 나의 개성으로 만들었다. 즉 외부적인 요인을 전부 차단한 상태에서 오직 마케팅 성과만을 보여주도록 나를(그리고 회사를) 브랜딩한 것이다.

다른 회사의 홈페이지나 유튜브 등을 참고하면서
당신만의 브랜딩을 생각하라.

브랜딩 이후에는 그 브랜딩에 걸맞은 콘텐츠 생산이 필요하다. 사실상 광고주 유입은 콘텐츠에서 발생시키는 것이 가장 좋다. 왜냐하면 콘텐츠 자체에서 이미 설득이 일어나기 때문이다.

이런 1차 설득(콘텐츠) 이후 홈페이지 유입 시 구매 전환율이 훨씬 높아진다. 대개 콘텐츠 생산이라 하면 흔히들 유튜브만 생각한다. 하지만 전달 방식에 따라 플랫폼도 달라야 한다.

콘텐츠는 크게 네 가지로 나뉜다.

첫째는 '영상'이다.

둘째는 '글'이다.

셋째는 '이미지'다.

넷째는 '음성'이다.

이 네 가지 콘텐츠에 따라 플랫폼이 결정된다. 영상으로 전달하고자 하는 경우는 유튜브, 글로 전달하고자 하는 경우는 블로그, 이미지로 전달하고자 하는 경우는 인스타그램, 음성으로 전달하고자 하는 경우는 팟빵, 오디오클립 등이 대표적인 플랫폼이다.

각 콘텐츠에 맞는 플랫폼에 따라 지속해서 콘텐츠를 생산하는 것이 일차적으로 해야 할 일이다. CPC 광고는 그 이후의 일이다. 이때의 콘텐츠는 앞서 말한 브랜딩이 담겨 있어야 하고, 마케팅이라는 주제에 따라 움직여야 한다.

좀 더 구체적으로 설명하자면, 블로그는 여러 광고대행사의 블로그를 분석하면 요식업 마케팅, 식당 마케팅, 헬스장 마케팅 등 작은 키워드를 지속해서 발행하는 곳들이 많다. 즉 조회수는 적어도 검색하는 사람들 대부분이 실제 수요자이기에 쓰는 키워드다. 이런 곳들을 참고해야 한다.

유튜브에 대한 설명에 앞서 조언하는 것은 절대로 조회수에 연연하지 말라는 것이다. 물론 유명해지고, 조회수가 터지면 더 좋다. 그러나 조회수보다 브랜딩이 필요하다. 즉 소수의 사람이 영상을 보더라도 내 브랜딩에 완진히 만족한 사람들의 구매 전환이 일어나야 한다.

10개의 그저 그런 영상보다, 1개의 킬링 콘텐츠가 있어야 하는 것도 이런 이유 때문이다. 내 유튜브 채널인 〈머니테이커〉의 영상당 조회수는 1,000밖에 안 된다. 하지만 이 안에서 광고 의뢰와 수강 신청 등 구매 전환율이 굉장히 높다.

이것도 결국 사업적인 측면에서 다수(니즈가 없는 사람)가 아닌 소수(니즈가 있는 사람)지만, 이 소수가 훨씬 더 중요하기에 지속해서 할 수 있다. 그러니 유튜브를 선택한 분들은 조회수에 대한 압박에서 벗어나 나만의 사업 채널로 성장시키기를 바란다.

07.

전문직과 인플루언서 브랜딩하는 방법

핏마케팅에는 다양한 광고주가 많은 광고 의뢰를 한다. 그중에서도 전문직, 인플루언서, 강사들이 제공하는 상품과 서비스는 고관여 서비스, 고관여 제품이다. 전문직의 경우는 변호, 세무, 노무, 의료 서비스의 단가가 높고, 인플루언서나 강사는 고가의 강의를 팔기 때문에, 이런 객단가가 높은 상품들은 상품과 서비스를 구입하는 과정에서 많은 검색이 일어난다.

그리고 이런 많은 검색에서 선택받기 위해서는 해당 업체만의 브랜딩이 필요하다. 핀셋 마케팅이라는 말이 있다. 굉장히 니치(Niche)한, 즉 작은 키워드로 마케팅을 하는 것을 핀셋마케팅이라 한다. 이것을 브랜딩에 그대로 적용해 핀셋브랜딩을 한다.

핀셋브랜딩을 한다는 것은 브랜딩을 할 때 굉장히 작은 키워드로 브랜딩을 하는 것이다. 세부 키워드에서 날카롭게 나의 회사, 상품, 서비스를 위치시키는것이 핀셋 브랜딩이다. 그리고 핏마케팅의 경우 핀셋브랜딩을 전문으로 한다.

이해가 쉽게 실제 사례들로 예를 들겠다. 전문직 중에서 세무사 쪽도 요즘에는 세무 영업이 굉장히 어렵다. 그래서 대부분 블로그 마케팅 그중에서도 '브랜드 블로그'를 많이 한다. 이런 세무사님의 브랜드 블로그에 들어갈 핀셋브랜딩을 하기 위해서 일단 세무사님의 현재 이력이나 전문적인 분야에 대해 사전 미팅을 한다.

이때 세무사님을 비롯해 전문직 분들이 가져가고 싶은 단어, 내 상품, 내 서비스를 표현하는 단어는 대부분 '전문성', '전문가'이다. 하지만 이런 전문성이나 전문가는 너무 큰 키워드이다.

즉 '나는 ○○ 분야의 세무 전문가다'라고 아무리 외치고, 블로그의 카피라이팅을 써놔도 정작 키워드를 타고 블로그에 들어온 사람들에게는 먹히지 않는다. 이때 핀셋 브랜딩이 적용되어야 한다. 즉 전문성이라는 단어를 선택했으면, 이를 세부 키워드로 만든다.

전문성을 느끼게 하는 세부 키워드로 '경력', '경험'을 사용했다고 해보자. 해당 세무사님은 사전 미팅에서 전문성을 잡을 세부 키워드를 상담하다 보니 국세청에서 일하신 경력이 있었다. 그런 경우면 〈국세청 10년 경력〉이라는 세부 키워드를 하나의 핀셋브랜딩으로 가져간다.

예를 들어 타이틀 부분에 블로그 카피라이팅부터 〈국세청 10년 경력 아무나 갖는 것이 아닙니다〉, 또는 〈국세청 10년 경력의 ○○전문가〉라고 시작할 수 있다. 그리고 소개란과 포스팅에도 동일한 핀셋브랜딩을 적용할 수 있다.

각 글에서는 양도, 상속, 증여 등 해당 세무사의 전문성이 드러나는 포스팅을 하되, 글 안에서 〈국세청에 근무했던 경험상~ 〉, 〈국세청 10년 근무의 저 ○○○세무사가~ 〉 이런 말을 그때마다 포스팅에 넣으면서 국세청 경력으로 인한 전문성 브랜딩을 지속적으로 가져가는 것이다.

이런 핀셋브랜딩에 경력, 경험과 더불어 정서적인 부분을 위한 이미지를 넣을 수도 있다. 실제로 해당 세무사님과 이야기를 나눴을 때 다른 세무사님과 다르게 상담을 따뜻하게 하시는 걸 느꼈다. 흔히들 '세무사'하면 딱딱하고 어려워하지만, 우리 부모님, 할아버지와 같은 자상함을 글의 상담사례 등에서 녹일 수 있는 것이다.

이런 핀셋브랜딩의 가지를 잡고, 브랜딩을 지속적으로 유지한다. 그러면 블로그 타이틀의 카피라이팅부터 소개, 글 제목, 포스팅 내용에 담긴 브랜딩에 만족한 사람들이 생각의 전환을 하는 것이다.

예를 들어 다양한 세부 키워드를 검색해서 블로그에 들어온 사람이 해당 블로그에 왔을 때 '아, 이 사람은 국세청 10년 경력이 있구나', '아, 이 사람에게 이미 많은 사람이 상담을 받았구나. 이 사람은 자상한 것 같은데', '와, 여기 평이 좋구나' 등 마케터가 의도한 핀셋브랜딩의 가지들에 설득이 되었을 때 블로그에 있는 주소로 직접 오거나, 전화를 통해 상담 및 방문이 이루어지는 것이다.

더 자세한 브랜딩, 브랜드 블로그 운영 예시가 필요하다면, 아래 QR 코드를 통해서 전자책을 다운받아 보는 것을 추천한다(당연히 100% 무료다).

카메라 앱으로 QR 코드를
스캔하세요

08.

가격을 안 내리고도 카피라이팅 하나로 시장을 이기는 방법

이번에는 마케팅 컨설팅을 한 곳을 예로 들겠다. 실제로 시장의 경쟁이 과열되면 가장 먼저 나타나는 현상이 바로 가격 경쟁이다. 해당 업체는 수도권에서 새로 오픈한 공유오피스였다. 그런데 문제는 새로 오픈한 A공유오피스 바로 앞에 B공유오피스가 가격 할인을 엄청나게 하는 것이었다.

같은 라인에 있는 건물이기에 역과의 거리, 주변 환경의 입지는 비슷한 환경에서 B공유오피스가 가격을 저가로 하다 보니, A공유오피스가 아무리 새로 만들어진 곳이라 하더라도 가격 경쟁에서 밀리는 상황이었다.

이때 A공유오피스의 대표는 '가격을 조정해야 하나, 조정하면 얼마까지 조정해야 하나, 이런 상황에서 어떻게 마케팅을 해야 하나' 고민하고 있었다. 즉 B공유오피스

가격에 맞춰 A공유오피스의 가격을 내리려는 상황이었다. 보통 사업자분이 할 수 있는 흔한 고민과 결정이었다.

여기서 먼저 시도해야 할 것은 가격 조정이 아닌, A공유오피스만의 브랜딩 세팅이었다. 어차피 브랜딩이 잡히지 않은 상태에서 가격 경쟁을 하면 지금은 B공유오피스 뿐이지만, 여기서 이기더라도 앞으로 C공유오피스, D공유오피스 등이 계속 나오면서 끝없이 '제살 깎아 먹기'가 된다.

때문에 A공유오피스의 장점들을 핀셋브랜딩을 하는 것을 컨설팅해드렸다. A공유오피스는 높은 고층에 신설된 만큼 시야가 좋고, 화장실 또한 내부에 있고 고급스러웠다. 여기를 어떻게 브랜딩할 수 있을까? 한번 잠시 읽는 것을 멈추고 생각해봐도 좋다.

이런 공유오피스를 대표할 한 개의 단어는 '신축'일 것이다. 혹은 '고층의 뷰', '좋은 화장실' 등을 키워드로 잡을 수도 있다. 하지만 이 모든 단어는 다 너무 큰 키워드다. 특히 신축의 경우는 이런 신축이 도대체 나에게 왜 좋은지 와닿지 않는다.

실제 이 신축과 옆의 구축 공유오피스의 가격차이는 한 달에 3~4만 원이었다. 하지만 단순히 '신축이라 좋다, 깨끗해서 좋다, 뷰가 좋다'는 것은 **이게 나에게 왜 좋은지**

알 수 없기에 '3만 원밖에가 아닌, 3만 원이나 비싸네'가 되는 것이다.

그래서 이런 신축이라는 단어보다 더 작은 세부 키워드를 사용한 카피라이팅으로 만들었다. 즉 〈사무실은 당신의 사업을 보여줍니다〉라는 타이틀로 만들었다. 왜냐하면, 이런 공유오피스의 경우 1~2인 사업자들이 많이 들어오기 때문이다.

실제 시장조사를 한 결과 공유오피스에 오는 많은 사업가들이 1인 사업 혹은 작은 소규모사업이지만, 이런 사업가들도 본인들의 클라이언트들을 사무실로 초대해야 할 순간이 있었다.

그리고 클라이언트와의 중요한 계약의 순간을 신경 쓰는 사업자들도 많음을 알 수 있었다. 만약 본인이 반드시 계약하고 싶은 클라이언트가 올 때 화장실도 외부에 있고, 작은 공간, 지저분한 곳이라면 본인 사업 자체에 대한 이미지가 나빠질 수 있다는 것을 느낄 수 있다.

이때 '신축'이라는 단어보다 더 작은 키워드로 핀셋브랜딩해 단순히 신축의 깨끗함, 고급스러움이 아니라 〈사무실은 당신의 사업을 보여줍니다〉라는 타이틀로, 공유오피스에는 주로 1인 사업하는 분들이 오는 것을 바탕삼

아서, 이런 분들의 다양한 니즈를 해결해주는 것을 어필하는 것이다.

이런 브랜딩 안에서 신축의 장점인 뷰, 깨끗함, 내부화장실을 각 글에서 어필할 수 있고, 이런 곳에서 클라이언트와의 계약의 상황을 상상시킬 때야 비로소 '3만 원이나 비싸?'가 아니라 '3만 원밖에 차이가 안 나는데?'로 바뀔 수 있는 것이다.

즉 여기는 고층이고, 환경도 좋기에 이런 신축, 내부화장실, 고급스러움과 더불어 다른 공유오피스에 없는 몇 가지 비품 구비만으로도 충분히 핀셋브랜딩이 가능하고, B에서는 전혀 따라올 수 없는 브랜딩을 할 수 있음을 컨설팅해드렸다.

핀셋브랜딩은 없던 것을 창조하는 것이 아니다. 거짓을 말하는 것도 아니다. 어떤 상품과 서비스든 그 안에 내재된 가치와 장점이 있다. 이런 가치와 장점을 타깃이 보고, 느끼고, 마음이 움직일 수 있도록 세부 키워드에 뾰족하게 위치시키는 것이다.

실제 핏마케팅에서 브랜딩을 하는 것을 말했으니 뜬구름 잡는 소리가 아니라, 정말 와닿았을 것이다.

탱주부와 함께한 마케팅 메이커 비하인드 스토리

나는 여러 가지 다양한 마케팅 전략과 방법론을 교육하지만, 교육을 받은 사람이 실제로 해보지 않으면 그 효과를 체감하기란 쉽지 않다. 그래서 내가 코칭한 사람이 어떤 변화를 겪고, 어떻게 성장할 수 있는지, 그 자체를 콘텐츠로 만들어 보여준 적이 있다. 바로 유튜브 〈머니테이커〉 채널에 있는 〈마케팅 메이커〉 시리즈다.

실제로 탱주부는 마케팅 교육을 받은 지 불과 17일 만에 1,188만 원의 계약을 따냈다. 마케팅 대행은 서비스 분야라 매출의 많은 부분이 순수익으로 이어진다. 정말 엄청난 성과다. 〈마케팅 메이커〉 콘텐츠에서 말하지 않은

숨겨진 이야기를 여러분에게 전하면(이 책에서 최초로 밝힌다), 이제 막 마케팅을 접한 사람들에게 큰 도움이 될 것이다.

처음 〈마케팅 메이커〉를 시작하게 된 계기는 두 가지의 진지한 고민에서였다.

첫째, 스스로에 대한 증명이었다. 2년간 유튜브에 마케팅에 대한 영상들을 올리면서, 유튜브 영상들을 통해 대행사에 맡기지 않고 스스로 마케팅하는 사람들이 생겼고, 아예 직장인, 사업가 중 프리랜서 마케터를 도전하는 사람들도 많이 생겼다. 그리고 정말 많은 사람에게 감사 인사와 응원을 받았다.

하지만 그러면서도 마음 한구석에는 우려가 쌓이고 있었다. 바로 나 이외의 사람, 즉 대부분의 사람에게 나의 마케팅 방식이 통할까 하는 걱정이었다. 물론 난 분명히 내가 생각한 마케팅으로 퍼포먼스를 냈고, 회사를 만들었고, 대행사의 기반을 잡았다. 현재 함께하는 직원도 12명이고, 더 채용해서 성장시킬 계획이다.

지금 이 순간에도 유튜브 〈머니테이커〉 채널의 영상을 본 수많은 사람과 수강생들이 현재 광고대행사를 하고 있고, 프리랜서 마케터로 활동하고 있다. 하지만 나 스스로 계속 의심이 들었다.

'나를 통해 잘하고 있는 사람들은 혹시 이미 마케팅을 할 줄 알았던 것은 아닐까?'

'사업에 대해 어느 정도 알거나, 기반이 있는 사람들이 아닐까?'

그래서 생각해냈다. 사업에 대해 아무것도 모르는 사람, 즉 아예 사업자등록을 내본 적도 없는 사람을 직접 데려와 교육해서 성과를 내고 변화하도록 만들고 싶었다. 우선 나부터 그 변화를 확인해야 앞으로 더 떳떳하게 영상을 찍고 마케팅 수업도 할 수 있을 것 같았다. 나 자신에게 스스로 증명하고 싶었다.

둘째, 모두에게 보여주고 싶었다. 마케팅을 모르는 사람이 마케팅을 배우면 돈을 벌 수 있다는 걸 보여주고 싶었다. 결코 마케팅이 쉽다는 건 아니다. 마케팅을 정석적인 방법으로 지속해서 실행하면 효율을 낸다는 것이다.

실제로 수많은 광고주를 만났고, 광고 의뢰를 받으면서 그분들의 기존 블로그를 봤다. 그중 많은 블로그가 더 이상 글이 노출되지 않는 저품질 상태였다. 그때도, 지금도 나는 절대 저품질로 만들지 않고 마케팅 효과를 낼 확신이 있다. 제대로 마케팅하는 실무자에게 배운 사람이 어떻게 마케팅을 하는지 모두에게 보여주고 싶었다.

이런 두 가지 이유로 〈마케팅 메이커〉라는 프로젝트를 준비했다. 마케팅 초보를 뽑고, 옆에서 알려주며, 실제 마케팅으로 수익을 내는 프로젝트다. 대상을 고르는 데 고민은 없었다. 사업가를 뽑으면 사업가라서 잘한다고 생각할 것 같았고, 블로거를 뽑으면 이미 블로거라 블로그에 익숙하니 잘했다고 생각할 것 같았다.

그래서 블로그를 아예 운영해보지 않은, 그 당시 사업가가 아닌 초보를 뽑았다(지금은 매우 사업을 잘한다). 그게 바로 탱주부였다. 처음에는 1명이 아닌 3~4명을 뽑을 생각이었다. 그렇게 몇 명을 서바이벌 구조로 해놓으면 유튜브 콘텐츠 상 재미도 줄 수 있고. 그중 1명만 성공해도 효과가 있다는 걸 증명할 수 있으니 콘텐츠로써 더 안전하기 때문이었다.

그러나 코칭 대상자가 많으면 나의 에너지도 분산될 것 같았고, 무엇보다 스스로 떳떳하지 않을 것 같았다. 그래서 정말 1명만 뽑고, 그 1명을 성공시켰다. 결과는 내 예상보다 훨씬 더 성공적이었다. 17일 만에 광고 계약 1,188만 원을 따냈다. 이에 그치지 않고 탱주부는 지금도 광고대행사를 성공적으로 운영하고 있으며, 현재는 더 업그레이드되어 광고대행사 운영과 더불어 요식업 프랜차이즈 교육도 진행하고 있다. 결국 광고대행업을 하면 여러 사업을 진행하고, 성공시킬 무기를 가지는 것이기에, 지속적으로 사업을 더 확장할 것이다.

그러면 탱주부는 과연 어떻게 성공을 이뤄냈을까? 다음 장에서 자세하게 말하겠다.

누구나 할 수 있다면 당신도 할 수 있다.

탱주부가 17일 만에 1,188만 원을 벌었던 이유

현실적으로 모두가 성공할 수는 없다. '모두가 성공할 수 있다'라는 말은 거짓이다. 다만 우리는 성공 확률을 더 높이는 방향으로 나아가야 한다. 나의 코칭을 받은 탱주부가 블로그 마케팅으로 성공할 수 있었던 이유는 무엇일까? 물론 탱주부 본인의 역량이 가장 크겠지만, 그것을 제외하고 크게 세 가지 이유가 있다.

1) 업종에 맞는 유연한 마케팅 진행

일부 마케팅 대행사들은 정해진 마케팅 상품을 기계적으로 적용한다. 즉 기자단, 체험단을 주로 하는 업체들은 항상 기자단, 체험단만 한다. 브랜드 블로그를 하는 곳은 브랜드 블로그만 한다. 키워드 광고를 하는 곳은 키워드 광고만 한다.

하지만 정말 중요한 것은, 해당 업종이나 제공하는 상품, 서비스에 따라 마케팅 방법은 다를 수밖에 없다는 것이다. 탱주부의 경우 처음에 교육한 것은 체험단과 기자단이었다. 이것부터 시작한 이유는 이런 홍보단은 상위 노출이 목표가 아니라면 특별한 마케팅 기술보다는 성실함과 꼼꼼함이 바탕이 되는 상품이기 때문이다.

탱주부가 광고주 세일즈에 나섰을 때 가장 먼저 만난 업체는 학원이었다. 학원의 경우 당시 그 학원이 진행하고 있던 기자단보다는 브랜딩과 단계별 스토리텔링을 보여줄 수 있는 브랜드 블로그가 훨씬 더 효과적이다.

이때 지금까지 배웠던 체험단, 기자단이 아닌 브랜드 블로그로 진행을 했다. 실제 매출도 크게 늘어 광고주분도 매우 만족한 퍼포먼스가 나왔다. 유연한 광고 적용이 첫째 성공 요인이었다.

2) 실행력

마케팅에 대한 이론과 그 적용은 가르쳐주면 배울 수

있다. 하지만 실행은 본인의 의지와 끈기에 달려 있다. 하루에도 수많은 스마트 스토어가 만들어지지만, 그중 90%가 폐업을 한다. 수많은 블로그가 키워지다 중단되는 것은 운영자의 실행력이 부족하기 때문이다.

탱주부의 경우 실행력이 굉장히 좋았다. 사실 이 부분은 나도 생각지 못한 부분이었다. 말해준 것을 그대로 실행했고, 말해준 대로 광고주를 찾아다녔다. 마치 스펀지가 물을 흡수하듯 시키면 그대로 했다. 뒤로 빼는 일이 없었다. 심지어 사업이 처음임에도 자기만의 방식으로 적용해서 응용하기도 했다. 이런 실행력을 토대로 단기간에 큰 계약을 따낼 수 있었다.

3) 1인 프리랜서 마케터 시장

앞의 두 가지가 탱주부의 경우라면, 세 번째는 이 글을 여러분 모두에게 해당하는 내용이다. 이 책을 읽는 여러분 중에 많은 사람이 이렇게 생각할 수 있다.

'아니 마케팅으로 돈을 번다고? 광고대행사? 그런 건 엄청나게 큰 회사들이 하는 것 아닌가?'

맞는 말이다. 하지만 이건 마치 "이미 삼성, 엘지와 같은 대기업이 있으니, 또는 무신사처럼 든든하게 자리 잡은 곳이 있으니 스마트 스토어는 망했어"라고 외치는 것과 똑같다.

회사가 커지면 그만큼 시스템도 견고해진다. 하지만 시스템이 견고해지면서 놓치게 되는 부분들이 분명히 있다. 매출을 더 높이기 위해 분업화, 체계화를 하며 어쩔 수 없이 놓치는 부분들. 1인 프리랜서 마케터는 이 놓쳐진 부분을 철저히 공략하며 자신의 파이를 만들어 내야 한다.

일반적인 회사는 업무가 철저히 분업화가 되어 있다. 광고대행 시장도 마찬가지이다. 영업하는 인원이 있고, 광고주 관리하는 인원이 있고, 광고를 실행하는 인원이 다 나누어져 있다. 그리고 이렇게 분업화되면 회사 효율은 극대화된다.

하지만 광고주로서는 불만을 가질 요소들이 있다. 예를 들어 영업할 때 들은 내용과 실제 광고의 집행에서 차이를 느낄 수 있다. 가장 바쁠 금요일 저녁이나 토요일, 일요일에 기존 광고가 잘 못 올라갔거나 문제가 생겼는데, C.S가 안 되니 답답할 수 있다. 또는 담당자가 계속 바뀌며 일관된 광고 집행이 안 되어 불만을 가질 수 있다.

1인 프리랜서 마케터는 이런 틈새시장을 파고 들어가야 한다. 이미 그런 불만을 가진, 또는 가질 만한 광고주들에게는 1인 프리랜서 마케터나 1인 광고대행사 대표가 가장 절실히 필요하다.

왜냐하면 영업하는 사람과 광고를 집행하는 사람, 광고주를 관리하는 사람이 모두 같은 사람이기에 일관된 업무가 진행되고, 금, 토, 일 언제든지 C.S가 가능하기 때문이다. 게다가 매장별로 꼼꼼한 관리가 가능하다.

실제로 수많은 사람이 1인 마케터로 광고주를 찾고, 광고 의뢰를 받는 것을 블로그상에서 쉽게 찾아볼 수 있다. 인스타그램도 마찬가지이다. 1인 프리랜서 마케터의 시장이 있기에 해당 포지션으로 시작하는 것이다.

시장이 없는데 자기가 직접 시장을 개척하는 것은 매우 어렵다. 하지만 이미 시장이 있다면, 같은 포지션으로 들어가는 것은 그리 어렵지 않다. 추후 본인의 회사가 커지면 매출을 더 키우기 위해 자연스럽게 분업화가 되고, 지금의 일반적인 광고대행사의 포지션이 된다.

그전에 1인 프리랜서 마케터 시장부터 시작할 수 있다. 나 또한 그 시장을 겪었고, 이제는 업무마다 인력이 배치되어있다. 이런 시장이 있었던 것이 탱주부가 성공할 수 있었던 3번째 이유다.

머니테이커의 결정적 한마디

재능 없는 삶

왜 예체능에만 재능이 있다고 생각하나.

사업에도 재능의 영역이 있다.

하루 3시간 일하고 경제적 자유를 얻었다면

그건 그 사람의 재능이다.

99%는 하루 3시간으로 안 된다.

재능이 없다면 노력과 근성이 있다.

하루 12시간, 15시간을 하자.

안되면 어떻게 하냐고?

안되면 바뀌는 게 있나? 없다.

되면? 인생이 바뀐다.

해보지도 않았잖아.

당신의 근성을 증명해라.

당신의 싸움을 해라.

당신 안의 희망은 분명히 꽃핀다.

Chapter 6

사람을 남기는 것이 가장 큰 자산이다

인연

현재 내 카톡 프로필 메시지는 다음과 같다.

인연을 소중히 합니다. 한분 한분 함께 하겠습니다.

이 카톡 프로필 메시지는 3년째 바뀌지 않고 있다. 바로 앞장에서 강조한 것처럼, 난 사람을 남기는 것을 매우 중요하게 생각한다. 그래서인지 마케팅 대행을 하며, 즉 사람을 많이 만나는 일을 하면서 지금까지 서로 얼굴을 붉힌 경험이 한 번도 없다. 주변의 사람들은 나에게 화가 없냐고 물어보는 사람들도 있다.

모든 레버리지, 모든 기회는 사람에게서 온다. 사람은 무엇보다 귀하다. 마지막 Chapter 6에서는 사람에 대해 말하고자 한다.

01.

인생을 레버리지하려면 어떻게 해야 할까?

누구에게나 인생 책이 있을 것이다. 내 인생 책은 두 권인데 신앙적으로는 〈성경(Bible)〉이고, 사회에서는 《레버리지》란 책이다. 《레버리지》의 저자 롭 무어(Rob Moore)는 자수성가한 백만장자인데 자신이 깨달은 자본주의의 원리, 즉 '레버리지(Leverage)'를 이 책에 담았다.

원래 레버리지는 지렛대를 의미한다. 지렛대는 작은 힘으로 큰 무게를 움직이는 도구인데, 이 원리를 투자에 적용하면 적은 금액을 사용하여 큰 규모의 투자 효과를 얻을 수 있게 된다.

쉽게 설명하자면, 부동산 투자에서 10억짜리 아파트를 매수할 때 7억의 전세를 안고 3억에 매수할 수 있다. 여기서 7억의 전세가 10억의 아파트를 살 수 있는 레버리지인 것이다. 즉 레버리지는 내 힘보다 더 많은 것, 더 어려운 것을 할 수 있게 하는 힘이다.

그렇다면 우리가 각자의 인생을 레버리지하려면 어떻게 해야 할까? 나는 내 인생을 되돌아보며 하지 못할 것을 해낸 순간들을 떠올렸다.

1) 마케팅을 시작

내가 마케팅을 시작한 계기는 아내의 아는 동생이 프리랜서 마케터로 일한다는 이야기를 들었을 때였다. 나는 그 동생과의 만남을 바랐는데, 세 번째 부탁에서야 만날 수 있었고 기본적인 마케팅의 지식을 배웠다. 그때부터 머니테이커는 시작되었다.

2) 유튜브의 성장

내 유튜브 〈머니테이커〉 채널이 성장하고, 나를 알릴 수 있었던 최초의 계기는 주언규 님(구 신사임당)의 채널에 나갔기 때문이었다. 신사임당 님의 채널에 두 번 나갔는데, 이후로 내 유튜브와 사업에 있어서 많은 성장이 있었다. 그 이외에도 송명진 님(자청)이 나의 유튜브에 출연하면서 많은 분들이 유튜브로 유입되었다. 구독자 5,000명도 안 될

때 도와준 두 분이라 지금도 감사함을 느끼고 있다.

그리고 가면을 쓴 나를 세상 밖으로 서진이(러셀TV)가 인터뷰로 꺼내줬다(105만 조회수). 그 덕분에 사업을 빠르게 성장시킬 수 있었다. 유튜브를 하며 지속적으로 많은 사람들과 교류하며 많은 채널에 인터뷰를 나가고 인사이트를 얻을 수 있었다. 준영이(포리얼), 정훈 형님(플러스킴샘), 성재(머니멘터리), 현옥이와 진영쌤(빌딩진영쌤), 신희은 님(싱글파이어), 족장님(족장TV), 송 사무장님(행크TV), 량헌이(황금대지), 정약용(절약왕 정약용), 전인구(전인구경제연구소), 단희쌤(단희TV) 모두에게 감사의 말을 전하고 싶다.

3) 광고대행사의 시작과 성장

집 앞의 매장에서 처음 광고주를 만났는데, 그 광고주가 자기 주변의 많은 분에게 나를 소개해줬다. 이후로 난 광고대행사를 시작하고 빠르게 성장할 수 있었다.

4) 르마엔베어

광고대행사를 하며 또 다른 사업에 대해 고민이 많았다. 이때 평소 친하게 지내던 규호(안대장)가 온라인 쇼핑몰 동업을 제안했다. 그렇게 시작한 것이 르마고, 현재 르마엔베어 브랜드를 만들었다. 그리고 1년도 안 되어 매출은 10억이 넘었다. 현재 두 번째 브랜드인 르마엔코튼이 곧 출시 예정이다. 커머스에서 마케팅을 활용해 한 획을 그을 예정이다. 규호의 사업가로서 빠른 결단력과 추진력이 아니었다면 지금의 르마는 없었다.

5) 추가적으로

사업을 하며, 유튜브를 하며 알게 된 인연 분들로 부동산 투자, 정부지원금에 대해 배웠고, 나를 더 레버리지할 수 있었다.

결국 내 인생의 레버리지 순간에는 모두 '사람'이 있었다. 사람들이 나를 이끌어 줬고, 나를 성장시켜 줬다. 나는 사람을 매우 소중하게 여기고, 그 사람이 잘났든, 못났든 귀인으로 여긴다. 실제로 내 첫 광고주는 술을 좋아하는 등 서로 성격이 달라서 가깝게 지내고 싶지 않을 수도 있었다. 또는 업무상으로(광고주로만) 대할 수도 있었다. 하지만 난 그렇게 하지 않았고, 전혀 예상하지 못하게 내 광고대행사가 폭발적으로 성장할 수 있게끔 도움을 줬다.

기본적인 마케팅을 가르쳐준 동생도 마찬가지다('1) 마케팅을 시작' 참고). 세 번째 부탁 이후 만났는데, 만약 내가 한두 번 부탁하고 포기했다면 지금의 나는 없을 것이다.

내 주위의 모든 사람을 보석보다 귀하게 대하라.

02.

새벽 5시까지 고민을 들어준 이유

누구에게나 처음이 있다. 처음 시작할 때의 희망이나 두려움의 감정을 알 것이다. 처음의 각오로 성공에 이르기도 하고, 때로는 실패를 통해서 처음과 다른 방법을 찾는 경험을 하기도 한다. 이렇듯 처음은 아무리 시간이 지나도 기억하기 마련이다.

나도 내 처음을 기억한다. 첫 거래처, 첫 광고주. 그곳은 아이들이 타는 자전거와 킥보드를 판매하는 작은 매장이었다. 집 앞에 있는 매장이었는데, 몇 번씩 지나다니며 대표님에게 인사를 했다. 그게 인연이 되어서 마케팅을 시작하게 되었다.

그런데 이 광고주는 이미 블로그 마케팅 대행사에 사기를 당한 적이 있었다. 특히 블로그 광고에 예민한 상황이라 나는 더욱 열심히 마케팅했고, 그만큼 킥보드가 많이 팔렸다.

당연히 대표님은 만족해했고, 그래서인지 저녁 식사를 함께하자는 말을 많이 했다. 그러다 보면 늦은 새벽 시간까지 함께 있었는데, 정말 심할 때는 새벽 5시까지 붙잡혀 있던 적도 많았다. 과연 새벽 5시까지 어떤 대화를 했을까? 매출에 관련된 이야기일까? 그렇지 않았다. 대부분 대표님 본인의 고민 이야기였다.

사실 그런 자리가 쉽지는 않다. 나 또한 중간에 나가거나, 말을 끊거나, 내일 일정을 위해 일어날 수도 있었다. 하지만 난 단 한 번도 그러지 않았다. 이유는 간단했다. 과거 마케팅 대행사에 사기를 당했던 대표님이 현재는 나를 믿어주기에, 나도 대표님의 고민을 들어주는 것이 그에 답하는 것으로 생각했다.

대부분의 사업가들은 돈과 시간에 정확하다. 내가 시간을 아끼면 아낄수록 돈을 더 벌 것이 당연해서다. 나도 마찬가지다. 그래서 시간을 방향에 맞게 태운다. 그런데 내가 시간을 고려하지 않는 유일한 경우는 사람을 대할 때이다. 특히 나를 믿어주는 사람은 내 곁에 남는 사람이기에, 나는 이 사람에게 최선을 다한다.

결과적으로 내 첫 광고주였던 대표님은 나와 지속해서 마케팅을 진행하며 광고비를 준 것은 물론 대표님 본인의 단골 맛집, 아는 옷가게 등 새로운 업체를 소개해줬다.

심지어 지인 모임에도 나를 데려가서 이렇게 말했다.

"이분은 블로그 마케팅을 하는 대표님인데, 이 대표님 덕분에 매출이 정말 많이 올랐어. 믿고 맡겨봐!"

이렇게 첫 광고주였던 한 명이 자발적으로 여러 명을 영업하는 상황이 되었다. 나 혼자 영업하러 갈 때는 먼저 마케팅 상품을 설명하고, 그 상품의 가치를 증명해야 하는 등 설득에만 많은 시간과 노력이 들어간다. 그러나 소개로 갈 때는 이미 신뢰감이 형성된 사람을 거쳤기에 심플하게 계약할 수 있었다.

이후 단기간에 광고주가 기하급수적으로 늘어났고, 그만큼 나는 빠른 성장을 이뤄냈다. 내 이야기에 누군가는 '운이 좋았네'라고 생각할 수 있다. 물론 운도 좋았다. 하지만 다시 한번 생각해보라. 먼저 내가 사람에게 투자한 것이 결국 내게 큰 성과로 온 것이다.

내가 현재의 위치까지 오면서 깨달은 것이 하나 있다.

결국 사람이 가장 중요하다.

여러분도 처음에 사업을 시작할 때 나에게 도움 될만한 사람들이나 이득 되는 사람들에게만 잘해줄 수 있다. 하지만 그 사람들도 나에게 잘해줄지는 미지수이다. 왜냐하면 그 사람들에게 나는 아직 내 사람이 아니기 때문이다. 그러니 이 책을 읽는 여러분은 나에게 다가오는 '내 사람'에게는 시간과 비용을 아끼지 말고 쓰기를 바란다.

열에 아홉은 그냥 흘러가는 사람일 수 있다. 그러나 내 경험상 내게 남아있는 그 한 명이 10명, 아니 100명도 못 하는 일을 가능하게 할 수 있다.

나의 새벽 시간을, 내 사람을 위해 쓰기를 바란다.

03.

영업하지 않는 마케팅 회사가 성장한 이유

대부분의 마케팅 회사는 영업을 해야 한다. 이는 당연하다. 광고주가 있어야 대행사는 수익을 낼 수 있는데, 광고주들은 수많은 대행사 중 우리 존재를 모르기에 영업해야만 한다. 그래서 많은 대행사가 영업사원을 따로 두고 있으며, 영업사원이 계약을 따내면 그 수익금을 5대 5, 또는 6대 4로 나누기로 사전 계약한다.

그러나 우리 회사는 영업사원이 아예 없다. 나중에는 생길 수도 있겠지만, 현재까지 영업사원을 따로 둔 적이 없다. 그러면 우리 회사가 영업하지 않고도 매년 회사가 유지되고, 유지되는 것을 넘어서 매출을 30~40%씩 올리며 성장할 수 있었던 이유는 무엇일까? 바로 브랜딩과 집중 때문이다.

먼저 브랜딩에 대해 말하겠다. 핏마케팅은 오로지 홈페이지를 통해서만 마케팅 의뢰를 받는데, 홈페이지에 찾아온 광고주들에게는 전화가 연결되고, 이 중 70%의 광고주와 미팅이 이루어진다. 이 미팅에서 계약으로 이루어지는 이유가 브랜딩이다.

핏마케팅은 자체적인 핀셋브랜딩을 통해 굉장히 니치(Niche)한 키워드로 브랜딩을 잡고, 이에 맞춰서 마케팅을 진행한다. 따라서 광고주가 원하는 시장에서 독점권을 행사할 수 있다. 이런 브랜딩을 원하는 수많은 광고주가 연락하고 계약해서 의뢰로 연결된다.

두 번째는 집중이다. 우리 회사는 비용과 시간 모두 광고주에게 집중한다. 앞에서 말한 것처럼 영업사원을 따로 두면 5대 5, 6대 4까지 비용이 지출된다. 즉 100만 원짜리 광고면 실제 광고주에게 사용하는 비용은 50만 원, 적게는 40만 원이다. 여기에 광고대행사의 마진까지 생각하면 실제로 광고주에게 사용되는 광고비는 많지 않다.

우리 회사는 이런 과정을 빼었기에 광고비 중 많은 부분을 광고주에게 집중할 수 있고, 퍼포먼스도 다른 회사보다 월등할 수밖에 없었다. 이에 만족한 광고주들은 주위 다른 광고주들에게 우리 회사를 소개한다. 즉 입소문을 내준다.

시간도 광고주에게 집중한다. 우리는 영업하지 않기에 전화 DB를 이용해 사람들에게 전화를 돌리거나, 이메일을 보내지 않는다. 또한 문의한 사람 중에서도 한번 떠보려는 사람, 긴가민가하는 사람에게는 답을 하지 않는다. 오로지 모든 시간을 우리 회사의 광고주에게만 집중한다.

그렇기에 단톡방에서 빠른 피드백을 비롯해 광고 집행이 정해진 시간 안에서 꽉 차게 들어간다. 입소문은 내달라고 말한다고 해서 나지 않는다. 광고주도 자기 주변 사람들에게 말하려면 그만큼의 결과를 내야 하기 때문이다. 우리 회사가 만들어주는 브랜딩과 광고주에게 온전히 집중하여 좋은 결과로 만족시키면 입소문은 자연스럽게 나게 된다.

이것이 현재 핏마케팅이 운영되는 방법이다. 회사가 더 커지면 영업의 확장이 있을 수 있겠지만, 현재는 '마케팅 덕후'와 같은 집중력과 광고주 관리로 아무 영업 없이도 사업은 나날이 확장되고 있다.

더불어 우리 회사는 마케팅을 절대로 강요하지 않는다. 예를 들어 여러분이 마트에 갔는데, 시식 코너에 있는 직원이 라면을 강매한다면 어떨까? 설령 라면을 살 생각이 있었더라도 다른 사람이 여러분의 카트에 라면을 넣으려고 하면 본능적으로 거부감이 들 수 있다.

그러면 라면이 필요한 사람에게 어떻게 라면을 판매해야 할까? 아주 간단하다. 시식 코너에서 라면을 열심히 끓이기만 하면 된다. 그러면 굳이 라면을 먹지 않아도, 그 냄새가 퍼지면서 자연스럽게 라면에 대한 니즈가 커지게 된다.

실제로 피시(PC)방은 이제 컴퓨터 사용료가 아닌 음식으로 인한 수익이 더 크다. 음식을 잘 파는 피시방은 식사 시간에 라면을 끓이고 일부로 피시방 내부를 한 바퀴 돈다. 라면을 먹으라고 직접적으로 안 했지만, 그 냄새를 맡게끔 하면 여기저기서 라면을 주문하는 사람들이 늘어난다.

우리 회사도 마찬가지로 마케팅을 강요하지 않는다. 다만 지금까지 해당 업종에서 마케팅을 어떻게 했는지, 그리고 그 효과가 어땠는지 말해준다. 때로는 시각적으로 보여준다. 즉 매출 증가의 냄새를 맡도록 한다. 물론 결정은 스스로 하는 것이다. 나는 달변가도 아니고, 영업을 해본 사람도 아니기에 이런 방법이 가장 효과적이었다.

나는 마케팅 교육을 통해서 많은 수강생을 가르쳤는데, 대부분 영업이 가장 어렵다고 한다. 하지만 이는 정말 영업사원처럼 영업을 해야겠다는 강박관념 때문이다.

광고주가 가장 원하는 것은 무엇일까? 그리고 그것을 어떻게 전달하면 될 것인가? 이 답을 찾는다면 자신만의 스타일이 나올 것이다(마케팅 영업에 대해 더 궁금한 사람은 '머니테이커' 카페로 와서 다른 사람들의 경험을 참고하라. 큰 도움이 될 것이다).

눈앞에 돈이 아니라, 광고주를 내 옆에 두자. 그리고 도움을 주자.

04.

끝은 없다

나는 월 500만 원을 꿈의 숫자로 정의한 사람이었다. 인생의 승리자, 벤츠를 탈 수 있는 사람으로 생각했었다. 하지만 지금은 그보다 더 성장했으며, 동종업계에 있는 다른 회사와의 경쟁에서 우위를 차지할 만큼 성공했다.

나는 평범한 직장인이었다. 그러다가 월급만으로는 살 수 없다고 생각했고, 나와 내 가족이 좀 더 윤택하게 살고 싶다는 열망을 가졌다. 이후 직장을 다니면서 작은 사업을 시작했고, 많은 분이 함께해 주셔서 여기까지 올 수 있었다.

이 책을 읽는 여러분과 나는 똑같은 평범한 사람이다. 그리고 이 책에 쓴 모든 이야기는 사실상 나의 이야기다. 나 또한 하루하루 주사위를 던지고 있다. 그러면서 시간을 갈아 넣고 있다. 늘 효율을 추구하고, 스스로 열등감을 제거하며, 한발 한발 나아가려고 하고 있다.

지금 이 순간에도 수많은 마케팅 대행사가 생겨나고 망하고 있다. 그 가운데 우리 회사는 존속해 있다. 부업을 했고, 퇴사를 했고 몇 년간 사업을 하면서 많은 사람을 만나다 보니 더 성공한 사람도 있고, 아예 망해버린 사람도 있다. 사업을 지속한다는 건 외줄 타기와 같다고 생각한다. 그 외줄에서 누구는 빨리 갔고, 누구는 멈춰있고, 누구는 떨어져 버렸다.

결국 나와의 경쟁이다.

4년 전의 나는 작은 빌라에서 아내와 아이와 함께 살았다. 아이를 키울 방이 없어서 5평도 안 되는 거실에서 아이를 키운 기억이 난다. 당시 나는 날마다 부자가 되기를 꿈꿨지만, 정작 부자가 되려는 어떠한 노력도 하지 못했다.

시간을 투자하는 데는 게을렀고, 배우기 위해 돈을 쓰는 것에 인색했다. 그런데도 내 문제점을 인식하지 못한 상태에서 '나는 직장에 다니니까 바쁜 거야', '나는 돈을 아껴야 해서 어쩔 수 없어'라고 생각하며 스스로 합리화했다.

하지만 마케팅을 접한 후 내 삶은 완전히 바뀌었다. 처음 업체를 마케팅해주고, 세부 키워드에서 글이 상위로 잘 뜨고, 점차 중형, 대형 키워드로 글을 띄웠다. 결과에 만족한 해당 업체의 대표가 감사하다고 찾아와 내게 음식을 대접할 때, 나는 느꼈다.

'진짜로 내 삶이 바뀔 수 있겠구나.'

그러고 나서 2년 동안 모든 것이 바뀌었다. 월 소득은 물론 자산, 삶의 질 등 내 모든 것이 바뀌었다. 현재 나는 핏마케팅 대행사를 포함해 총 3개의 회사를 운영하고 있다. 마케팅은 이제 사업에 있어서 없어서는 안 될, 유일무이한 존재가 되었다. 나는 마케팅을 통해 부의 추월차선을 보았다. 그리고 끊임없이 달려가고 있다.

누구보다 평범했던 내가, 아니 사실상 평범 이하의 삶을 살던 내가 이렇게 되었다. 나는 이 책을 읽은 여러분도 함께하기를 진심으로 바란다. 나는 확신한다. 1년 뒤의 난 더 성장했을 것이고, 3년 뒤의 난 더더욱 성장했을 것이다. 미래의 나는 지금의 내가 상상하지 못할 정도로 성장했을 것이다. 그 이유는 성장으로 가는 길을 다듬으며 앞으로 나아가고 있기 때문이다.

나는 매사 기본을 철저히 지키며 사업을 하고 있고, 광고주를 비롯해 나를 찾는 모든 사람에게 가치 있는 상품과 서비스를 제공하는 것에 사활을 걸고 있다.

이 책에 나온 내용 중 여러분에게 와닿은 내용이 있을 것이고, 와닿지 않은 내용도 있을 것이다. 내 생각 그 자체이기 때문에 여러분 각자가 취할 것을 취하면 된다. 내 생각에 공감하고, 나와 공통되는 부분에서 얻어가는 것이 있으리라 본다.

나는 이런 생각을 가지고 살아왔다는 것을 보여주고 싶었고, 이 책에 고스란히 담아냈다. 천재가 아닌 평범한 사람이 생각하는 것, 실행하는 것을 보여주고 싶었다. 이 책이 여러분에게 작은 변화라도 주었기를.

머니테이커

한때 세상의 모든 것은 한정되어 있다고 생각했다. 자본도 한정되어 있기에 내가 돈을 더 벌려면 서로 치열하게 빼앗아야 한다고 생각했다.

하지만 실제는 아니었다. 실제로는 남들에게 더 줘야 한다. 그래야 더 얻을 수 있다. 기버는(Giver) 기버끼리 만날 수밖에 없다. 그렇지 않으면 나만 계속 퍼주다가 아무것도 남지 않을 수 있기 때문이다. 그렇기에 기버는 무조건 기버끼리 만나며 성장한다.

만약 내가 남의 돈을 빼앗으려 하면, 난 기버가 아니고 결국 '기버 세상'에서 밀려날 수밖에 없다. 때문에 돈을 벌려면, 즉 머니를 테이킹하려면 난 그보다 더 많은 가치, 상품, 서비스를 줘야 한다. 남의 돈을 강탈하는 사람은 강도다. 하지만 내가 더 많은 가치를 주고 돈을 버는 사람은 기버이자 머니테이커가 된다. 여러분도 자신을 위해, 가족을 위해, 소중한 사람을 지키기 위해 머니테이커가 되기를 바란다. 그리고 돈을 벌되, 그 이상의 가치를 베풀기를 바란다.

나는 광고대행을 하며 수많은 분들에게 무료 강의를 제공했고, 수많은 제자 분들과 함께하고 있다. 어느덧 제자 분들이 프리랜서 마케터, 대행사, 사업을 잘하는 것을 보고 보람을 느낄 때가 많다.

내가 늘 하는 말이 있다.

"현장에서 봅시다."

직장을 퇴사하고 사업을 하다 보니, 사업의 신(Scene)이 좁다는 것을 느끼고 있다. 결국 성공의 길을 따라가면 다 만나게 되어 있다.

이 책을 읽은 여러분도 프리랜서 마케터, 광고대행사, 혹은 또 다른 부업, 사업을 하며 현장에서 마주치기를 바란다. 평범한 사람이 성공함을 여러분의 세상에 증명하자. 나도 진심으로 함께하겠다.

머니테이커의 결정적 한마디

완주

나는 내 인생을 정말 완주하려고 했는가?
아니면 대충 눈치 보면서 뛰는 척을 했는가?
뒤돌아봐야 한다.
언젠가는 전성기가 지날 것이다.
골인의 시점이 온 것이다.
나중에는 정말 뛰고 싶어도
더 이상 뛰지 못하는 날이 올 것이다.
좋은 사람들과 함께 완주하자.

부록

머니테이커의 핏마케팅 테크닉

01.

블로그 없이 마케팅으로 돈 버는 시스템을 만드는 기법

주변에 소위 말하는 잘나가는 회사들을 보면, 그 기반은 마케팅일 때가 많다. 실제로 많은 글로벌 기업의 시작점을 찾다 보면 처음에는 작은 광고대행사로 시작한 것을 볼 수 있다. 나 또한 현재 광고대행사와 블로그 아카데미를 운영 중이지만, 여기에 수많은 사업을 계획하며 몇 개는 실행 중이다.

내가 매번 사업을 자신감 있게 벌일 수 있는 이유는 간단하다. 마케팅과 기획을 할 줄 알기 때문이다. 그러면 내가 마케팅 전공자였을까? 전혀 아니다. 정말 평범한 직장인이자 평범한 지능을 가진 사람이 바로 나였다. 그러다가 마케팅을 접했고 사업에 접목해 대행사와 교육 사업을 병행하면서 현재는 10배 이상의 수익과 자산을 보유하고 있다.

지금도 회사는 매년 커지고 있다. 그리고 나에게 마케팅을 배웠던 사람 중에 나보다 더 크게 광고대행사나 사업을 시작하는 사람들도 많이 있다. 마케팅을 자신의 사업에 적용해 엄청난 매출을 올린 사람들도 많다.

그렇다면 어떻게 단기간에 사업 확장과 부를 얻을 수 있을까?

보통은 돈을 벌려면 깊은 수준의 지식과 시간이 필요하다고 생각한다. 하지만 절대 아니다. 높은 수준의 지식은 경험이 뒷받침되면서 자연스럽게 만들어진다. 정말 중요하고 필요한 것은 나만의 돈 버는 시스템을 만드는 것이다.

나는 마케팅이라는 재료를 통해 돈 버는 시스템을 만들었다. 그리고 이 돈 버는 시스템은 단순히 마케팅뿐만 아니라, 내가 앞으로 할 부업과 투잡, 사업 등 모든 것에 활용할 수 있다. 내가 많이 듣는 질문 중 하나가 '블로그를 운영해야 하느냐'는 것이다. 결론부터 말하면 '블로그는 운영하지 않아도 된다.' 할 줄만 알면 된다.

지금부터 하나씩 자세히 설명하겠다.

1) 마케팅 없이 돈 벌 생각하면 망하는 이유

이 책을 읽는 여러분 중 특히 사업가들은 마케팅의 필요성을 절실하게 느낄 것이다. 대부분의 사업들은 상품과 서비스의 품질도 중요하지만, 많은 경우에 사업의 성패는 마케팅이 좌우한다. 즉 상품과 서비스가 기본만 깔아준다면 나머지 매출의 모든 것은 마케팅으로 결정되는 것이다.

하지만 생각해보자, 지금까지 여러분이 진행한 마케팅이 성공했는가? 성공했다면 이 책을 읽을 필요도 없을 것이다. 아마 대부분 실패했을 것이다. 그러면 왜 실패했는가? 99% 아니, 거의 100%로 마케팅을 제대로 하지 못해서다. 내가 말하는 핏마케팅 기법으로 하지 못했기 때문이다.

이 챕터를 본 사업가들은 1인 프리랜서 마케터나 광고대행사를 운영할 수 있지만, 그게 아니더라도 본인 사업에 직접 적용해 매출을 크게 올릴 수 있다. 마케팅은 그냥 하는 것이 전부가 아니다. 제대로 적용해야 한다. 광고대행사에 마케팅을 지속해서 의뢰하는 것에는 한계가 있다.

아무리 광고대행사가 잘해주려 해도 해당 상품과 서비스를 가장 잘 이해하고 있는 것은 대표 자신이다. 따라서 결국 자신이 스스로 마케팅하는 것이 가장 좋은 퍼포먼스를 낼 수 있다.

그러면 직장인은 어떻게 해야 할까? 직장인들도 무조건 마케팅을 배우고 실행해야 한다. 바로 '간접 경험' 때문이다. 직장인이 1인 프리랜서 마케터로 수익을 내는 것도 중요하다. 하지만 그 이상 중요한 것은 마케팅만이 줄 수 있는 간접 경험이다. 마케팅을 시작하고 업체가 많아지면, 그 업체의 업종에 대해 간접 경험을 하게 된다.

예를 들어 고시원을 마케팅한다면 고시원에서 총무의 역할이 무엇인지, 대표가 걱정하는 것은 무엇인지, 고시원의 임대료는 얼마인데 각 방당 월세가 얼마인지 등 내가 알고 싶지 않아도 마케팅을 하며 자연스럽게 알게 된다.

이런 간접 경험은 오프라인 업체뿐만이 아니다. 스마트스토어나 자사몰을 마케팅할 경우, 해당 업체가 어떤 식으로 제품을 생산하는지, 중국에서 생산한 것을 어떻게 유통하는지 등을 알게 된다. 또한 궁금한 것은 해당 업체의 대표와 교류하면 얼마든지 알려주기 때문에 많은 간접 경험을 쌓게 된다.

게다가 이런 간접 경험은 내가 앞으로 나만의 사업을 시작할 때 많은 인사이트를 주게 된다. 즉 이런 업종은 어떻게 진행하면 되고, 어떤 것을 주의하고 등에 대해 보고 들은 것이 있으니, 실패를 최소화할 수 있는 것이다. 또 내가 직접 마케팅을 할 줄 아니, 내 사업에 드는 마케팅 비용을 최소화하며 매출을 증가시킬 수 있다.

특히 직장인은 지금까지 직장만 다녔기에 사업을 경험한 적이 없다. 그러므로 마케팅을 통해 다양한 업종을 간접으로 경험하고, 거기서 자신의 사업 아이템을 뽑아낼 수 있는 것은 엄청난 경험이다. 실제로 이런 사업을 배우려면 자기가 직접 사업을 해야 하니 수천·수억의 예정된 실패가 있다.

그러나 1인 광고대행사를 하며 이런 사업을 옆에서 보며 배우고, 광고비까지 받는 것을 안다면 마케팅은 반드시 해야만 한다는 것을 이해할 수 있을 것이다.

나 또한 5년간 마케팅을 하면서 수많은 업종을 경험했다. 그리고 이런 경험이 내 안에 쌓여있기에, 어떤 업종은 어떤 방식으로 마케팅하면 매출이 증가하는 것을 알고 있다. 그리고 이런 경험은 나의 앞으로의 다양한 사업에 가장 큰 힘이 될 것이다.

남들이 시작점에서 쩔쩔매고 있을 때, 나는 매출을 늘리는 마케팅을 하면서 가장 먼저 치고 들어갈 수 있다. 즉 **[간접 경험 + 마케팅 능력]**이라는 치트키가 있는 것이다.

궁극적으로 마케팅을 배워야 하는 목적은 광고를 대행하며 수익을 내는 게 아니다. 광고 대행은 일차적인 목적일 뿐, 결국 자신의 사업을 만들고 이를 성공시키기 위함이다. 나도 이런 궁극적인 목적을 세팅하고 있고, 마케팅 대행뿐만이 아니라 교육 사업도 성공시켰다.

실제 핏마케팅의 온라인 광고대행 교육은 5일 만에 모든 교육이 마감된다. 내가 성공한 이유는 단순하다. 마케팅을 알고 실행했다. 이제 여러분도 할 수 있다.

2) 매출 상승의 공식

마케팅을 한다는 것은 무엇일까? 마케팅의 이유는 매출을 올리기 위해서고, 매출을 올린다는 것은 다음 세 가지(A, B, C) 변인 중 한 가지 이상이 올라가야 한다. 어려워 보이는가? 천천히 읽어보면 이해될 것이다.

트래픽(A) × 구매 전환율(B) × 객단가(C) = 매출

즉 내 상품이나 서비스 1개의 객단가(C)가 1만 원인 상태에서 한 달에 1,000명이 내 상품과 서비스를 보러 오고, 이 중 5%가 구매하면 내 매출은 50만 원이다. 여기서 매출을 500만 원으로 만들고 싶으면 트래픽(A)을 10배 늘려서 10,000명이 보게 하거나, 구매 전환율(B)을 50%로 늘리거나, 객단가를 10배로 해서 10만 원으로 할 수 있다.

그런데 이 경우는 극단적이고 실제로는 트래픽, 구매 전환율, 객단가를 조금씩 조정하며 매출을 상승시킬 수 있다. 이때 마케팅이 담당하는 부분은 트래픽(A)이다. 즉 마케팅을 통해 다양한 곳에서 유입을 늘려 매출을 증가시키는 것이다. 또한 브랜딩을 확고히 해 구매 전환율(B)까지 올리면 매출은 기하급수적으로 늘어난다.

이런 트래픽(A)을 늘리려면 잠재적 소비자들이 들어오는 다양한 플랫폼을 사용해야 한다. 그래서 네이버에서는 파워링크, 파워 콘텐츠, 브랜드 광고, 블로그 광고 등을 할 수 있고, 인스타그램이나 페이스북에서 광고를 돌릴 수도 있다. 또는 구글 디스플레이 광고고 가능하다. 이 모든 것이 각 플랫폼에서 트래픽을 올리는 방법이다.

이중 블로그 포스팅 광고(블로그 마케팅)는 많은 업종에서 가장 효율적이면서도, 매출 향상을 지속해서 일으킨다. 이유는 간단하다. **1) 키워드 검색이 가능하고, 2) 잘 포스팅하면 오래 버틸 수 있기 때문이다.** 제대로 잘 올린 한 개의 포스팅은 상위 키워드에서 지속적으로 남아서 매출을 끌어올리는 힘이 되어준다.

블로그를 활용한 마케팅을 하면, 이런 검색을 통해서 오는 사람들을 다 잡아낼 수 있다. 또한 블로그 포스팅은 파워링크나 브랜드 광고와는 다르게 한번 포스팅이 되면 지우기 전까지는 계속 남아있다. 그렇기에 3개월, 6개월 뒤에까지 영향을 끼쳐 매달 포스팅이 쌓이면 쌓일수록 매출이 우상향으로 늘어간다.

따라서 많은 광고대행사에서는 블로그 마케팅을 기본적으로 깔고 간다. 여기에 추가로 인스타그램, 페이스북, 유튜브를 활용한 마케팅을 한다.

광고대행사에서 가장 중요시하는 부분은 이런 트래픽(A)을 가져오는 것이다. 그러면 트래픽을 가져오기 위해서 어떻게 해야 하는가? 대부분 자기 업종에서 가장 강한 키워드를 가져온다. 예를 들어 건대에 있는 음식점이면 '건대 맛집', 어린이 전동차를 파는 곳이면 '유아 전동차'처럼 누구나 생각할 수 있는 키워드로 본인의 매장과 사업을 홍보한다.

그리고 100이면 100 전부 제대로 된 효과를 못 느끼고 결국 마케팅을 포기하거나, 사업 자체를 포기한다. 왜 그럴까? 바로 다음 장에서 말하는 핏마케팅 테크닉을 쓰지 않았기 때문이다.

02.

핏마케팅 테크닉이란 무엇인가?

블로그 없이 블로그를 활용해 돈을 벌기 위해서는 핏마케팅 테크닉을 사용해야 한다. 그러면 핏마케팅 테크닉은 무엇인가? 한번 생각해보자. 과연 내 사업장에 올 만한 타깃은 누구인가? 20대? 30대? 남자? 여자? 가족? 부부? 연인? 회식 장소? 내 사업장에 어떤 타깃층이 많이 오는지 가장 잘 아는 사람은 해당 사업장의 대표들이다. 이런 타깃층이 자신의 사업장에서 가장 많은 상품을 구매하기 때문이다. 마케터 또한 그렇기에 타깃은 대표와 상의해서 결정할 수 있다.

그러면 이런 타깃층이 검색하는 키워드는 과연 무엇일까? 이 부분에 대해서 많이 오해한다. 대부분의 대표들이 내 업체에서 가장 좋은 키워드, 큰 키워드라고 생각되는 키워드를 선택한다. 즉 강남에 있는 음식점이면 '강남 맛집', 홍대의 술집이면 '홍대 술집' 등으로 생각하고 상위 노출되는 것을 바란다. 처음 시작할 때부터.

그리고 블로거를 뽑아서 체험단, 기자단 등을 시킨다. 과연 이런 글이 상위에 올라가겠는가? 글도 제대로 안 올라가고, 설령 올라갔어도 내 타깃을 고려하지 않은 키워드라 전혀 생각하지 않은 사람들이 들어온다.

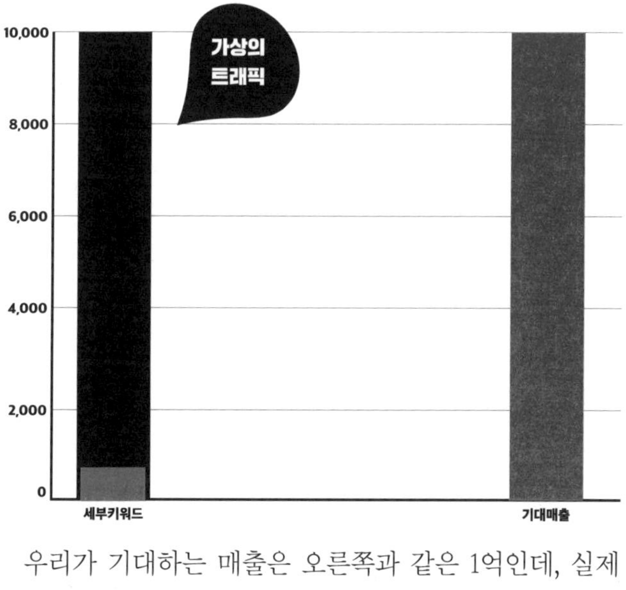

우리가 기대하는 매출은 오른쪽과 같은 1억인데, 실제로는 왼쪽의 주황색만큼만 구매 전환이 된다. 즉 '강남 맛

집', '홍대 술집'과 같은 키워드의 검색량이 크니 그 검색량만큼 잠재적 고객이 찾아온다고 믿었지만, 실제로는 1) 해당 키워드가 내 타깃을 고려한 것도 아니고, 2) 블로그 글도 상위로 노출되지 않았으니 기대한 매출 1억 중 1~2천 밖에 매출이 나오지 않는 것이다.

핏마케팅 테크닉은 실제 니치마케팅을 전문으로 하는 핏마케팅 자회사에서 사용하는 테크닉으로, 니치마케팅 방법을 정교하게 만든 마케팅 테크닉이다. 아마 니치마케팅에 대해 들어본 사람들이 있을 것이다. 니치마케팅은 특정 성격을 가진 소규모 소비자를 대상으로 판매 목표를 설정하는 마케팅이다.

이런 니치마케팅은 굉장히 효율적인 마케팅 방법이다. 그러나 니치마케팅의 이론은 알지만, 어떻게 실행해야 하는지는 잘 모른다.

핏마케팅 테크닉은 다음의 세 단계를 거친다.

(1) 각 업체의 타깃에 맞는 키워드 중 세부 키워드를 중심으로 노출하며, 그런 세부 키워드 노출의 합으로 매출을 극대화한다.

(2) 세부 키워드를 잡은 후 중형 키워드로 매출의 상승이 되는 키워드를 체크한다.

(3) 중형 키워드에서 효과를 보이면 대형키워드를 잡으면서 모든 트래픽을 가져간다. 이때 대형 키워드가 성과를 보이면 반드시 상위 노출 보장으로 가져간다.

이를 도식화하면 다음과 같다.

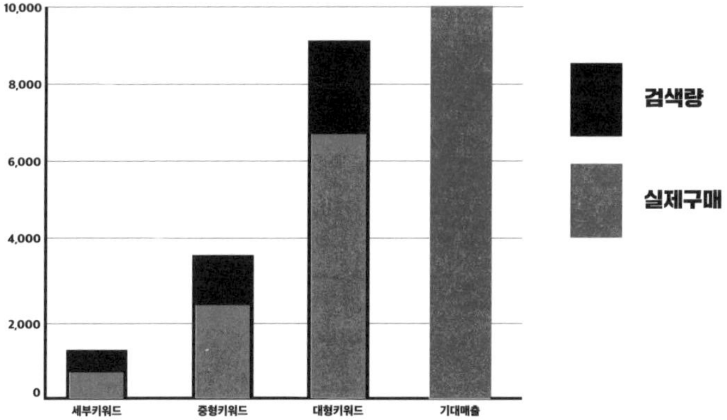

기존의 방법은 [노출도 안 되는 키워드 + 타깃에 대한 고려가 없는(즉 내 타깃이 검색도 안 하는) 키워드]로 블로그 포스팅을 해 매출에 아무런 영향을 주지 못한다.

반면에 핏마케팅 테크닉은 다음과 같은 두 가지 효과가 있다.

(1) 세부 키워드 자체 노출이 가능하며, 이런 키워드는 타깃을 정확히 고려한 키워드이기에 각각 세부 키워드 노출에서 매출이 나와 처음부터 매출을 일으킨다. 또한 이런 글들은 해당 업체에 계속해서 깔려있기에 중형, 대형 키워드 노출 시 구매 전환에도 지속해서 도움을 준다.

(2) 중형, 대형 키워드는 세부 키워드가 모두 노출된 상태에서 하나씩 쌓아나가며 매출을 폭발적으로 일으킨다.

세부 키워드부터 중형, 대형 키워드까지의 순서와 방법 모두 중요하다. 머릿속에서 대략적인 이해는 되었을 것이다. 그러면 실제 펏마케팅 테크닉은 어떤 과정으로 이루어지는가를 다음 장에서 말하겠다.

03.

핏마케팅 테크닉 따라 하기

핏마케팅 테크닉을 대략적으로 이해했다면, 이번 장에서는 실제로 어떤 과정을 통해서 핏마케팅을 하는지 알려주겠다. 크게 1) **세부 키워드 세팅**, 2) **중형·대형 키워드 세팅**, 3) **노출 블로거 모집과 관리** 세 가지로 나누어 자세히 설명하겠다.

1) 세부 키워드 세팅

핏마케팅 테크닉에서 세부 키워드는 **①검색량 1,000 이하의 키워드**이면서, **②반드시 타깃과 연관된 키워드**를 의미한다.

예를 들어보겠다. 서울 강남에 엘피바(LP Bar, 음악을 들으며 술을 마시는 가게)가 있다. 이 엘피바를 광고하려면 어떻게 해야 할까? 대부분 술집이니 그 지역의 술집 키워드를 잡자고 생각한다. 즉 '강남 술집'이라는 **[지역(강남)+술집의 대표 키워드]**를 잡고 블로그에 노출하려고 한다.

'강남 술집'의 한 달 검색량도 30,000개 정도니 괜찮은 키워드라고 생각할 수 있다. 하지만 틀렸다. 시작이 잘못됐다. 대부분의 엘피바들은 테이블이 몇 개 없다. 게다가 음악을 들으며 술을 먹기에 테이블 회전율도 매우 느리다. 그래서 매출이 좋게 나오기 위해서는 각 테이블로 손님들의 구매력이 있어야 한다.

그러나 강남 술집은 우리의 타깃, 즉 구매력이 있는 30~50대의 검색량이 매우 적다. 압도적으로 20대의 검색량이 크다.

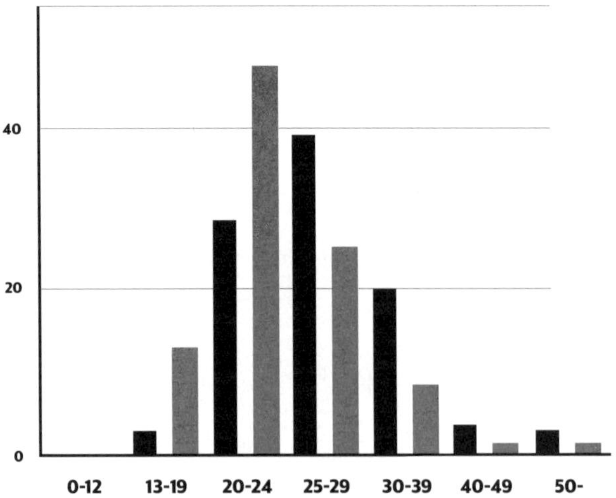

강남 술집 연령별 검색량

만약 다른 키워드 없이 이런 '지역 술집 키워드'만 상위에 떠 있으면, 대부분 20대의 고객이 와서 한두 잔의 맥주를 마시며 서너 시간씩 음악만 듣다가 갈 수 있다(실제로 모 지역의 엘피바들에서 있었던 일이다). 그러면 이 엘피바는 어떻게 될까? 지속적인 20대의 방문으로 매출은 떨어지고, 타깃층인 30~50대들은 그런 분위기에 지쳐 오히려 떠나버리는 악순환이 될 것이다. 따라서 세부 키워드부터, 그것도 타깃이 검색하는 키워드부터 해야 한다. 예를 들어 '강남 엘피바', '서울 엘피바'와 같은 키워드의 검색량은 500~1,000으로 적지만, 내 타깃의 검색률은 크다.

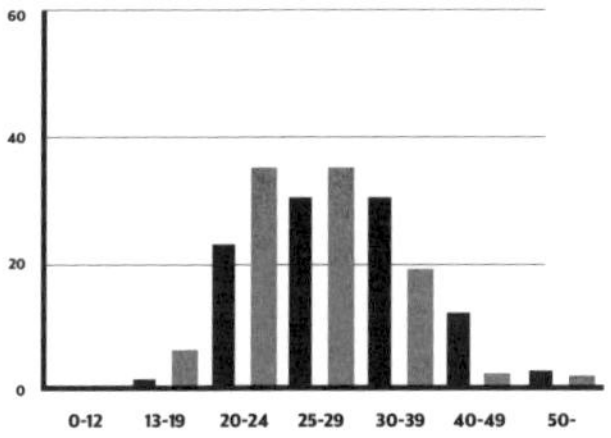

서울 엘피바

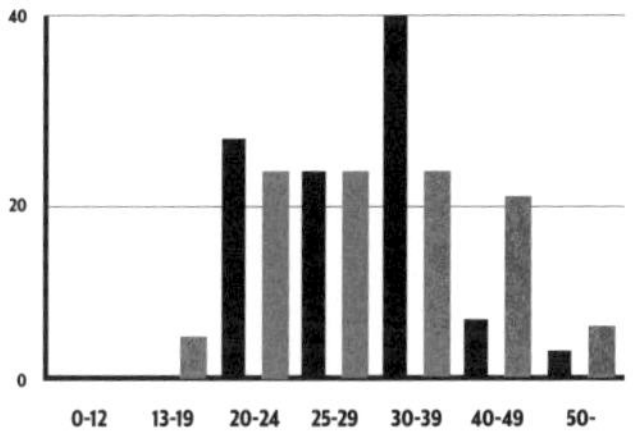

강남 엘피바

즉 내 타깃이 주로 검색하는 작은 세부 키워드부터 하나씩 잡고 세팅해야 한다. 이런 세부 키워드가 5개, 10개, 15개로 점점 노출이 늘어날 때, 우리가 원하는 구매력 있는 30~50대 직장인들이 퇴근 후에 와서 와인과 위스키를 마신다. 동시에 매출도 상승하면서 내가 그리는 그림대로 매장이 만들어지는 것이다.

2) 중형, 대형 키워드 세팅

중형 키워드는 검색량 2,000~10,000개, 대형 키워드는 검색량 50,000개 이상의 검색량을 의미한다. 앞에서 강조한 것처럼 반드시 세부 키워드부터 잡은 후 중형, 대형 키워드로 넘어와야 한다. 그 이유는 바로 '타깃'과 '구매 전환'에 있다.

(1) 타깃

중형, 대형 키워드는 세부 키워드보다 검색량은 현저히 많다. 그러나 검색량이 많아진다는 건 그만큼 검색하는 사람의 니즈도 분산된다는 뜻이다. 예를 들어 '아이폰 케이스'의 검색량은 170,000이다. 그리고 '아이폰13 투명케이스'의 검색량은 4,700이다. 그런데 '아이폰 케이스'를 검색하는 사람은 아이폰 9, 10, 11, 12, 13 등 다양한 아이폰을 가진 사람이다.

즉 내가 '아이폰13 투명케이스'를 판다면 키워드를 '아이폰 케이스'가 아니라, 내 타킷이 원하는 '아이폰13 투명케이스' 키워드부터 시작해야 한다. 이 키워드에서 충분히 노출해 내 키워드에서의 타깃을 잡은 후에 좀 더 큰 검색량으로 가야 한다.

(2) 구매 전환

중형, 대형 키워드부터 세팅하지 않고, 세부 키워드부터 세팅하는 이유 중 하나는 구매 전환 때문이다. 내가 아무리 키워드로 노출해도 기존에 리뷰가 쌓여있지 않으면 구매 전환이 되지 않는다. 이는 마트로 이해하면 빠르다. 마트에서 물건을 사다 보면 사람들이 많이 모인 곳이 있다. 이렇게 많은 사람이 모인 곳은 나도 모르게 더 보게 된다.

이런 의사 결정은 마케팅에서도 똑같이 일어난다. 만약 어떤 업체의 리뷰가 적으면 이런 업체를 중형, 대형 키워드에서 발견하더라도 선택하는(구매 전환되는) 확률이 극히 줄어들게 된다. 그리고 이런 리뷰들은 앞에서의 세부 키워드에서 확실하게 쌓아야 한다. '이태원 술집'에 상위 노출된 곳이라 해도 이런 리뷰들이 없다면, 과연 여러분은 그곳에 갈 확신이 생길까? 스스로 검색하는 입장이 되어 생각해보자.

3) 노출 블로거 모집과 관리

(1) 오픈 채팅방

키워드까지 세팅되었다면, 이제 세팅된 키워드로 글을 쓰고 노출을 해줄 블로거를 모집하고 관리해야 한다. 네이버에는 약 2천만 개의 블로그가 있기에, 이런 블로거 중에 내 상품과 서비스를 포스팅하기에 적합한 블로거와 컨택만 할 수 있다면 블로그 마케팅을 시작할 수 있다.

사실상 대부분의 마케팅 대행사는 본인 회사만의 블로거 DB를 가지고 있다. 이런 블로거 DB가 한번 생기면 그 다음부터는 일이 매우 쉬워진다.

예를 들어 서울 지역에 맛집 체험단을 할 수 있는 적절한 블로거 1,000명의 DB가 있다면, 서울의 어지간한 음식점들이 광고를 요청했을 때, 이런 DB에 있는 블로거 중 노출이 잘되는 블로거에게 단체 쪽지나 카톡을 보내면 순식간에 모집이 되기 때문이다.

반대로 가장 어려운 것은 DB가 단 1명도 없는 여러분의 상황, 지금이다. 이때 One Step 나가는 방법을 알려주겠다. 초반에 블로거를 모집할 수 있는 가장 좋은 방법은 오픈 채팅을 활용하는 것이다. 즉 카카오톡 오픈 채팅에 들어가서 아래 그림처럼 다양한 키워드로 검색하면 블로거

오픈 채팅방에 들어갈 수 있다.

오픈 채팅의 가장 큰 장점은 속도이다. 즉 반응이 매우 빠르다. 오픈 채팅방에 들어온 블로거들은 모두 체험단, 기자단 모집에 관심이 있는 사람들이니 반응도 빠르고, 자발적으로 들어온 사람들이니 따로 신경 쓸 것도 없다.

반면 오픈 채팅의 가장 큰 단점은 고인 물이라는 것이다. 오픈 채팅은 방당 제한 인원이 1,500명이다. 그리고 정말 많은 방이 있지만, 한 블로거가 여러 방에 들어가기도 하고, 그 방에는 블로거 이외에 마케터도 있어서 실제 인원은 더 한정되어 있다.

또한 지속해서 광고만 올리거나, 블로그 관리를 잘 못하는 사람들도 있어서 '저품질'에 가까운 사람들도 많다. 이런 저품질에 가까운, 즉 지수가 낮은 블로거들은 선별하는 과정에서 선정을 안 하면 된다. 하지만 많은 인원이 고인 물이기에 초반 3개월에서 6개월 정도 블로거를 모집하는 것에 사용하는 것을 추천한다. 처음에 가장 어려운 블로거 DB를, 오픈 채팅방을 이용해 빠르게 만드는 것이다.

오픈 채팅방에서 공지글은 대부분 1일 1회 쓸 수 있다. 공지글의 특별한 형식은 없지만, 체험단과 기자단 공지에 꼭 필요한 것은 다음과 같다.

- 체험단 : 체험 장소, 체험 상품, 체험 조건

- 기자단 : 원고료, 키워드

체험단은 아무리 체험 상품이 좋아도 체험 장소가 외지거나, 교통이 불편하면 블로거들이 많이 지원하지 않는다. 반면 아무리 체험 장소가 강남, 홍대 등 요지(要地)라도 체험 상품이 저가라면, 즉 제공하는 서비스의 가격이 저렴하다면 모집이 어렵다.

마케터의 입장에서 모집이 잘 안되면 가장 좋은 체험단

을 꾸리기 어렵고, 결국 매출을 올리기가 어렵다. 따라서 체험단으로 운영하기 괜찮다는 생각이 들면 체험 상품을 4~5만 원 선에서 맞추는 것을 추천한다.

카페와 같이 물건 단가가 저렴한 곳은 테이크 아웃 포함으로 하는 것도 방법이다. 체험 상품을 좀 더 주더라도, 더 지수가 높은 블로거들이 지원하게 하며, 그런 블로거를 선정해 포스팅을 상위로 노출시키는 것이 가장 효과가 좋기 때문이다.

예를 들어 '마이크로 킥보드 맥시 폴더블'은 어린이 킥보드인데 검색량이 1,500개 정도 된다. 이런 키워드로 포스팅했을 때 5위 안에 드는 포스팅 1개는, 20위권 밖에 있는 포스팅 10개보다 더 효과를 낸다. 대부분의 사람들은 '더 보기'를 누르지 않기 때문에 통합에서 검색하는 트래픽이 상위의 몇 개의 포스팅에 몰리기 때문이다.

실제 사람들의 70% 이상은 '더 보기'를 누르지 않고 정보탐색을 마친다.

(2) 가이드

블로거에게는 체험단이나 기자단의 일을 주면서 동시에 '가이드'를 준다. 가이드는 3~4장으로 만드는 것보다 1

페이지로 만드는 것이 가장 보기 좋다. 이 가이드에는 포스팅에 들어가는 **①키워드, ②포스팅하는 상품과 서비스에 대한 간략한 내용** 등이 들어가면 된다.

04.

똑같은 방법으로 광고대행사를 운영하고 싶다면?

이 책을 여기까지 읽은 분들은 핏마케팅 테크닉에 따라 키워드를 세팅하고, 블로거를 모집해 매출 향상을 이끌 수 있는 사람이다. 거기에 더하여 이 **[부록]**까지 읽었다는 자체가 실행력 상위 10%의 사람들이기에 성공 확률은 더 높다.

그런데 여기까지 읽은 분들은 이런 생각을 더 할 수도 있다.

'나도 똑같은 방법으로 광고대행사를 운영할 수 있지 않을까?'

당연히 가능하다. 왜냐하면 현재 내가 운영하는 대행사 시스템을 그대로 말했고, 실제로 우리 대행사는 매년 성장하는, 즉 시장에서 인정받는 광고대행사이기 때문이다.

그러면 이 글을 읽는 여러분이 1인 광고대행사를 운영하기 위해서 무엇이 필요할까? 블로그 마케팅 운영에 필요한 세 가지 요소는 블로거, 마케터, 광고주이다.

여기까지 온 사람들은 키워드 세팅과 블로거의 모집과 관리에 대해 파악했을 것이다. 여기에 더해 블로그마케팅을 하기 위한 마지막 스텝인 광고주를 만들기 위해서는 영업(세일즈)이 필요하다. 이 부분이 해결된다면 마케팅으로 내 사업의 매출만 늘리는 것이 아니라, 마케팅 대행사라는 하나의 사업을 만들 수도 있다. 나 또한 직장을 그만두고 마케팅 대행사를 운영할 수 있게 된 것은 광고를 많이 계약했기 때문이다.

이런 광고주 세일즈에는 크게 1) 오프라인 세일즈, 2) 온라인 세일즈 두 가지 방법이 있다.

1) 오프라인 세일즈

오프라인 세일즈란 오프라인에 있는 다양한 매장(요식업, 고시원, 펜션, 자전거, 장난감매장, 인테리어 등)에 직접 찾아가거나, 전화로 영업하는 방법이다. 이때 필요한 것은 단가표와 견적서다.

사실 오프라인 매장의 대표들도 블로그 마케팅이 무엇인지는 알고 있다. 하지만 본인이 어떤 식으로 블로그마케팅을 진행할지와 비용이 얼마인지에 설명해 줄 필요가 있다. 그래서 단가표를 보여주면서 상품을 설명할 수도 있고, 아예 매장마다 견적서(예비 견적서)를 만들어서 보여 줄 수도 있다.

카메라 앱으로 QR 코드를 스캔하세요

이런 견적서와 단가표의 예시 또한 만들려고 하면 어려울 수 있다. 왼쪽의 QR 코드에 견적서 엑셀 파일의 예시를 넣어놨으니 받아서 사용하길 바란다. 이 또한 무료이다.

전화 영업은 이미 많은 마케팅 대행사에서 하는 방법이기에 추천하지 않는다. 일반적인 대행사의 영업사원이 하는 방법과 별 차이가 없어서다. 이런 경우 핏마케팅 테크닉에서 말했던 타킷이나 세부 키워드 세팅이 효과적으로 전달되기 어렵다. 따라서 오프라인 세일즈는 직접 대면을 추천한다.

2) 온라인 세일즈

온라인 세일즈에서 가장 중요한 것은 브랜딩이다. 즉 내가 브랜딩이 되어 있어야 한다. 그래야 내 홈페이지 사이트나 블로그, 인스타그램, 유튜브 등의 SNS로 예비 광고주가 유입되었을 때 전환율이 높다.

실제로 현재 내가 운영하는 대행사의 경우, 초기에는 오프라인 세일즈만 하다가 머니테이커라는 페르소나로 브랜딩을 한 뒤부터는 오로지 온라인으로만 광고주를 받고 있다. 그것도 일절 광고를 돌리지 않으니 순수하게 나(머니테이커)를 검색했거나 유튜브나 블로그 등으로 알게 된 사람만 광고를 의뢰할 수 있다. 하지만 아래 인증처럼 지속적으로 광고 의뢰 요청이 오는 상황이다.

오로지 나를 검색해서 온 사람들만 광고 의뢰를 넣을 수 있다.

장기적으로 봤을 때 무조건 온라인 세일즈로 가야 한다. 하지만 대부분의 사람들은(90% 이상) 한 번도 마케팅을 경험하지 않고서는 자신을 마케팅의 전문가로 포지셔닝할 수도 없고, 해서도 안 된다. 그러므로 일단 오프라인 세일즈를 통해 오프라인의 작은 곳부터 마케팅을 겪고, 추후 본인을 좀 더 브랜딩해서 온라인(홈페이지, 블로그, 유튜브 등)으로 세일즈하는 것이 좋다.

04.

테크닉 설계의 파이널 핵심 포인트

마지막으로 앞에서 말한 것을 정리하면서 다시 설명하겠다. 핏마케팅 테크닉은 정교하게 짜인 블로그 마케팅 기술이다. 핏마케팅 테크닉에서 키워드는 세부 키워드부터 시작해서 중형, 대형 키워드로 간다. 그리고 키워드의 타깃 설정과 키워드를 노출할 수 있는 블로거 선정이 매우 중요하다.

이때 노출이 의미하는 것은 네이버 통합검색에서 VIEW의 [더 보기]를 누르지 않는 범위이다. 즉 모바일로 봤을 때 5위, PC로 봤을 때는 7위까지이다. 이 순위를 넘어가는 순간, 앞에서 말한 것처럼 [더 보기]를 누르거나 아예 VIEW 탭으로 이동해서 봐야 하기에 검색량 대비 클릭률이 현저하게 떨어질 수 있다. 그렇기에 노출이 가능하면서도 효과 있는 세부 키워드로 먼저 세팅하는 것이다.

세부 키워드는 업체당 10개에서 30개까지 다양하게 있다. 하지만 업체에 따라서 세부 키워드가 몇 개 없거나(때로는 아예 없거나) 대표 키워드만 있는 곳도 있다. 예를 들어 강남역에 있는 쉐어하우스라면 '강남 쉐어하우스', '강남역 쉐어하우스' 2개 외에는 마땅한 키워드가 없다.

이런 경우는 세부 키워드와 대표 키워드 구분 없이, 이 2개 키워드에 모든 포스팅을 집중해야 한다. 그래서 해당 키워드에 내 포스팅을 도배해 '강남 쉐어하우스', '강남역 쉐어하우스'를 검색하는 사람들이 내 업체만 볼수 있게 세팅하는 것이다.

이 책에 나온 내용 외에 더 많은 블로그 마케팅 정보가 필요한 분이 있을 것이다. 더 궁금한 점은 내게 이메일로 물어봐도 된다. 또는 핏마케팅 연구소 오픈 채팅방에 입장해도 된다. 앞으로도 나는 다양한 정보를 오픈 채팅방에서 함께 교류하려 한다.

카메라 앱으로 QR 코드를
스캔하세요

왼쪽의 QR 코드에 나와 있으며, 오직 이 책을 읽은 사람들만 들어올 수 있다. 내가 소개한 핏마케팅 테크닉이 여러분의 삶 또한 변화시키기를 진심으로 바란다.

머니메이커의 결정적 한마디

머니메이커

돈을 벌기 위해서는

돈을 벌게 해줘야 한다.

세상에서 머니메이커가 되기 위해서는

누구보다 높은 가치를 줘야 한다.

기버(Giver)가 되어야 한다.

주는 것을 아까워하지 말자

주는 것이 사업의 본질이다.

머니테이커

초판 1쇄 발행 2023년 12월 22일
초판 2쇄 발행 2023년 12월 29일

지은이 정승요(머니테이커)

펴낸이 떠오름
기획 손힘찬
편집 권희중
디자인 당아
마케팅 고경표, 이유안
영업관리 떠오름

펴낸곳 ㈜떠오름코퍼레이션
출판등록 제2021-000002호(2020년 4월 28일)
주소 서울특별시 성동구 왕십리로 4길 23-1, 3층 301, 302호
전화 070-4036-4586 팩스 02-6305-4923
홈페이지 www.risebooks.co.kr
이메일 tteoreum9@nate.com

값 18,000원

ISBN 979-11-92372-55-6 03190